季節の献立 一汁三菜

大久保 久江

JN103002

マイナビ

季節の献立　一汁三菜〔目次〕

春

夏

秋

冬

* 計量単位は、1カップ =200㎖、大さじ1 =15㎖、小さじ1 =5㎖、1合 =180㎖です。
* 材料表にある「油」は「米油」、「パン粉」は「米パン粉」を使っています。
* 野菜の旬カレンダーは関東地方を基準にしています。地域によっては前後することもあります。

旬の野菜には
体調を整える力がある。

今は一年中どんな野菜でもお店に並んでいるので、
「旬」つまりその野菜が一番おいしくて元気に
満ち溢れている時期がいつなのか、
すっかりわからなくなっています。

四季がある日本で、
季節ごとに旬のものを食べるのはとても合理的。
暑さに負けずすくすく育つトマト、
寒さに耐えながら甘みを凝縮させる白菜、
そんな旬の野菜たちが、
夏の暑さにも、冬の寒さにも負けずに元気に暮らせるよう、
私たちの日常を応援してくれます。

「今日は何を食べよう?」
「今日の献立はどうしよう?」
そんなときは、ぜひ旬の野菜を思い浮かべてください。
あんまり難しいことは考えなくて大丈夫。
とにかくご飯を炊いて、
季節の野菜を基本調味料で味付けした簡単おかずを添える。
それだけで、自然とつながる素敵な食卓ができあがります。

食べることは生きること。
四季の移ろいを感じながら季節の味をかみしめる食卓は、
日々に忙殺される私たちが、自然と繋がる絶好のチャンスで
す。
肩の力を抜いてほっとできるごはんの時間は、元気のもと。
カラダが勝手に、私たちも自然の一部であることを感じとっ
ているのかもしれませんね。

私たちが必要とする食べ物は、自然が教えてくれます。
母めしは、どんな時でも皆さんの今日を生きる元気を応援し
ています。

母めし研究所　大久保久江

母めしとは？

日本の風土がはぐくんだ昔ながらの家庭のごはんのこと。素朴でしみじみおいしく、みんなが安心して食べられる日本の伝統食です。

特徴 **1**
主食のご飯に、汁物と主菜、副菜2品の一汁三菜が基本です。

特徴 **2**
米、野菜、海藻、魚、豆腐など不足がちな栄養を摂りやすく、脂肪が控えめなヘルシー食で、美味しくて満足感もあります。

特徴 **3**
使う調味料は基本調味料だけのシンプルな調理法で、味噌、醤油、酢に加え、納豆や漬物などの発酵食品もふんだんに摂取できます。

特徴 **4**
旬の食材を中心に献立を組み立てるので、食材費が安価に抑えられ、季節感を感じられる食卓になります。

特徴 **5**
「いただきます」「ごちそうさま」など「食」に対する気持ちの込め方やスタイルが、感謝の心をはぐくみます。

副菜①

漬け物

副菜②

主菜

ご飯

汁物

015

春

春の旬野菜

	7月	6月	5月	4月	3月	2月	1月

アスパラガス、にら、春キャベツ

新じゃがいも　　　　　　　　　　　　　　　菜の花

新玉ねぎ

新ごぼう

そら豆、ふき

えんどう豆（グリーンピースは 4,5,6 月）

たけのこ

うど

山菜（ふきのとう 2,3 月、たらの芽 3,4 月、わらび 3,4,5 月）

セロリ

春の献立とおかず

みずみずしく繊細な味わいが特徴の春野菜。
独特の風味や食感を存分に味わいましょう。

冬眠から覚めた熊が
一番初めに食べる
「ふきのとう」

春の訪れを告げる「ふきのとう」は、冬眠から覚めた熊が一番初めに食べるともいわれている春の山菜です。

この「ふきのとう」をはじめ、春の山菜には苦みやえぐみを感じるものが多いですが、この苦みには、冬の間鈍っていた神経に働きかけ、からだをシャキッとさせる効果があるとされています。熊はそのことをよく知っているのでしょう。

春野菜のもう一つの特徴といえば、そのみずみずしさ。植物は成長のために水分を吸収していて、特にこの時期の野菜は細胞にたっぷり水をため込んでいます。「新」のつく野菜は、たとえるなら生まれたての赤ちゃん。「新じゃがいも」や

「新玉ねぎ」が、皮も柔らかくてみずみずしいのは、これからの成長に備えているためなのです。

野菜は、生きる環境や気候に合わせて、順応した生き方をしています。子孫をつなぐエネルギーがいっぱい詰まった春野菜から、新生活を始めるための元気をいただきましょう。

繊細な味わいを
感じられる調理を

独特の苦みと甘み、みずみずしく柔らかい食感。繊細な味わいが特徴の春野菜は、生のままでもおいしいですが、さっと茹でたり、揚げたりと、素材を活かしたシンプルな調理法が向いています。調味料も最低限にして、春の香りを料理に残すように心がけましょう。

豚のしょうが焼き献立

みんなが大好きなしょうが焼きに旬の春キャベツを
たっぷり添えて、野菜がしっかり食べられる献立に。
たけのこにセロリ、ふき味噌と、この時期にしか味
わえない副菜を添えれば、春を存分に感じる食卓
の完成です。

主菜	豚のしょうが焼き せん切りキャベツ添え
副菜①	若竹煮→p73
副菜②	セロリのナムル
漬け物	ふき味噌→p85
汁物	新じゃがと新玉ねぎの味噌汁 →p321

セロリのナムル

ふき味噌

若竹煮

豚のしょうが焼き
せん切りキャベツ添え

新じゃがと新玉ねぎの
味噌汁

豚のしょうが焼き せん切りキャベツ添え

しょうがが香る簡単漬けだれで、しっかり味付け。春キャベツのせん切りと一緒においしくいただきましょう。

材料(2人分)

豚肉(しょうが焼き用)
  … 160g

油 … 適量

キャベツの葉 … 2枚

【漬けだれ】

しょうが(すりおろし)
  … 小さじ2

しょうゆ … 大さじ2

酒 … 大さじ2

作り方

1 豚肉は食べやすい大きさに切り、漬けだれの1/2量をもみ込み、10分ほどおく。キャベツはせん切りにする(a)。

2 フライパンに油を熱し、1の豚肉を広げて入れ、強火で両面焼く。せん切りキャベツとともに皿に盛る。

3 2のフライパンに残りの漬けだれを入れてひと煮立ちさせ、豚肉の上からかける。

葉脈(繊維の方向)に対して直角になるように切ると、食感が柔らかくなる。

セロリのナムル

ゴマ油とセロリの香りが献立のアクセント。セロリがたくさん食べられるサラダ感覚の副菜。

材料(2人分)

セロリ … 1本

塩 … 小さじ1/3

ゴマ油 … 小さじ1

炒りゴマ … 小さじ1

にんにく(すりおろし)

　　… 少々

作り方

1　セロリは、茎の根本に包丁を当て筋を引っ張るように取り除き斜め細切りにし、さっと茹でてザルに上げ、水気をよく切る。

2　ボウルに1とゴマ油を入れよく混ぜ、塩、にんにくを入れてさらに混ぜ合わせ、最後に炒りゴマを散らす。

さわらの西京焼き献立

焼き魚が主菜の場合は、ボリュームのあるそぼろあんかけやコクのある白和えの副菜がよく合います。そぼろあんかけはいろいろな茹で野菜に応用できるので、その時々の旬の野菜と合わせてみてはいかがでしょう。

主菜	さわらの西京焼き
副菜①	春キャベツそぼろあんかけ
副菜②	スナップえんどうの白和え→p65
漬け物	ふきの葉の佃煮→p77
汁物	あさり汁→p321

ふきの葉の佃煮
→ p77

春キャベツ
そぼろあんかけ

スナップえんどうの
白和え
→ p65

さわらの西京焼き

あさり汁
→ p321

さわらの西京焼き

春の魚と書いて「鰆」。西京味噌に漬け込んで身を引き締め、コクのあるおいしい焼き魚に。

材料(2人分)

さわら … 2切れ

油 … 大さじ1

【味噌床】

A | 西京味噌 … 100g
| 酒 … 大さじ1/2
| みりん … 大さじ1/2
| 砂糖 … 小さじ1

作り方

1 さわらは軽く塩(分量外)をふり、30分ほどおいて出てきた水分をキッチンペーパーで拭き取る。

2 味噌床を作る。Aをよく混ぜ合わせ保存容器やバットに入れ、さわらを漬け込み冷蔵庫で1日おく(a)。

3 さわらの表面についた味噌を手でぬぐい取り、フライパンに油を熱し、弱火でじっくりと焼く。片面が焼けたらひっくり返して同様に焼く。焦げやすいので火加減に注意する(b)。

a

b

春キャベツ そぼろ あんかけ

水分が多くて甘い春キャベツをさっと茹でて、旬の味と食感が引き立つ、そぼろあんかけで。

材料(2人分)

春キャベツの葉 … 大2枚

豚ひき肉 … 60g

玉ねぎ … 1/8個

にんにく(みじん切り)

　… 薄切り1枚分

しょうが(みじん切り)

　… 薄切り1枚分

油 … 小さじ1

A｜ しょうゆ … 大さじ1
　｜ みりん … 大さじ1/2

水 … 150㎖

【水溶き片栗粉】

　｜ 水 … 大さじ1/2
　｜ 片栗粉 … 大さじ1/2

作り方

1 キャベツは食べやすい大きさに切り、さっと茹でて、ザルに上げて水気を切る。玉ねぎはみじん切りにする。

2 鍋に油をひき、にんにくとしょうがを弱火で炒める。香りが出てきたら中火にして、ひき肉を臭みがなくなるまでよく炒める。

3 玉ねぎを加えてさらに炒め、肉から透明な汁が出てきたら水を注ぐ。煮立ったらアクを取り、弱火にしてAを入れる。

4 再び煮立ったら水溶き片栗粉でとろみを付ける。

5 1のキャベツを器に盛り、4をかける。

桜えびの
かき揚げ献立

主菜の桜えびと副菜の菜の花。ピンクとグリーンで、春ならではの食卓を彩りましょう。かき揚げは難しそうに見えてじつは簡単。旬の野菜を取り入れやすいので、ぜひマスターして。

主菜	桜えびのかき揚げ
副菜①	新じゃがと こんにゃくの煮っころがし
副菜②	菜の花の辛子じょうゆ和え →p41
漬け物	春キャベツの塩もみ→p37
汁物	新ごぼうと油揚げの味噌汁 →p321

春キャベツの塩もみ
→ p37

新じゃがと
こんにゃくの
煮っころがし

菜の花の
辛子じょうゆ和え
→ p41

桜えびのかき揚げ

新ごぼうと
油揚げの味噌汁
→ p321

桜えびのかき揚げ

旬の具材を使ったかき揚げは、香りも彩りも春。サクサク、シャキシャキ、食感の違いも楽しんで。

材料(2人分)

桜えび … 40g

玉ねぎ … 1/2個

三つ葉 … 1束

小麦粉 … 大さじ2

【衣】

A | 小麦粉
　　　 … 1/2カップ
　| 片栗粉 … 大さじ1
　| 水 … 1/2カップ

揚げ油 … 適量

大根おろし、めんつゆ

（p174参照）… 適宜

a

b

c

作り方

1 玉ねぎは薄いくし形切り、三つ葉は4cm長さに切る。

2 ボウルにAを入れ混ぜ合わせ、かき揚げの衣を作る。

3 別のボウルに1と桜えびを入れ、小麦粉をふり入れて全体に打ち粉をし、大まかに4等分する(a)。

4 3を2の衣に付け、お玉や大きめのスプーンですくう(b)。

5 170℃の油に4をそっと落とす。かき揚げが散り散りになったら箸で寄せ、衣をそっと落としてつなぎにする(c)。

6 箸でつついても崩れないくらいまでしっかり揚がったら(3〜4分)、ひっくり返してさらに1分揚げる。お好みで大根おろしを添えて、めんつゆをかけていただく。

新じゃがとこんにゃくの煮っころがし

皮ごと調理できる新じゃがは、栄養たっぷり。こんにゃくとも相性のよい砂糖じょうゆ味で煮絡めます。

材料(2人分)

新じゃがいも(小さいもの) … 6〜8個
こんにゃく … 150g
しょうゆ … 大さじ2
砂糖 … 大さじ2
油 … 大さじ1と1/2

作り方

1 じゃがいもはしっかり洗い、皮付きのまま水気を拭き取っておく。こんにゃくは2cm角くらいに手でちぎり、熱湯で2分茹で水気を切る。

2 鍋に油を熱し、じゃがいもを入れ、全体にしっかり油がなじむよう中火で炒める。こんにゃくを入れ、さらに炒める。

3 2にじゃがいもの頭が見え隠れするくらいまでひたひたに水(分量外)を入れ、じゃがいもに串が通るまで煮る。

4 しょうゆと砂糖を加え、焦がさないように時々鍋を揺すりながら、水気がなくなるまで強火で煮る。

春キャベツ

春キャベツは冬と比べて巻きが緩やかで、水分が多く甘いので生食向き。胃の粘膜を保護する作用のある栄養素のほか、特に春は発芽のための生命力が詰まっています。生長点である芯やつぼみも、余すことなくいただきましょう。

【選び方】葉質が柔らかく、巻きが大きくふんわりとゆるいもの、芯の切り口もみずみずしいものが新鮮。
【保存方法】芯をくり抜いて濡らしたキッチンペーパーを詰め、ポリ袋に入れて冷蔵保存。全部使わない時は、外の葉からはがして使うとよい。カットしてさっと塩茹ですると冷凍も可。

●せん切りキャベツ→ **p21**
●春キャベツそぼろあんかけ→ **p28**

春キャベツの塩もみ

水分が多くて葉の柔らかい春キャベツ。まずはシンプルな塩もみで甘みと食感を味わってみて。

材料（2人分）

春キャベツの葉
　　… 2枚（約100g）

塩…2g
　（漬け込む野菜の約2%が目安）

作り方

1　キャベツはひと口大に切る。

2　1をビニール袋に入れ、塩を加えて口を結び、手で軽くもんで塩が野菜にまんべんなくなじむようにする。冷蔵庫に2時間ほどおく。

3　汁気を絞って器に盛る。

春キャベツと茹で卵のサラダ

爽やかな酸味のドレッシングが素材の甘みを引き立てます。卵の黄身も色よい春色サラダ。

材料(2人分)

春キャベツの葉 … 2枚

新玉ねぎ … 1/6個

茹で卵 … 1個

フレンチドレッシング
　　　　… 大さじ2

塩 … 少々

こしょう … 適宜

【フレンチドレッシング】

(作りやすい分量)

油 … 1/2カップ

酢 … 50mℓ

砂糖 … 大さじ1

塩 … 大さじ1/2

にんにく(すりおろし)
　　　　… 少々

＊全ての材料を混ぜ合わせ、味をなじませておく。

作り方

1　春キャベツはひと口大に切る。新玉ねぎは薄切りにして、塩をふってさっと混ぜる。茹で卵は、半分に切ってから薄切りにする。

2　1をボウルに入れ、フレンチドレッシングを加えて混ぜ、塩、こしょうで味を調える。

菜の花

菜の花は、春になったら花を咲かせて新しい命をつなぐために、冬の間しっかりと栄養を溜め込んだ命の塊。βカロチン、ビタミンB1・B2・C、鉄、カルシウム、カリウム、食物繊維など、豊富な栄養素が、バランスよく含まれています。

【選び方】つぼみが硬く締まっていて、花の開いていないものを選ぶ。色鮮やかで切り口がみずみずしいもの。

【保存方法】湿らせた新聞紙やキッチンペーパーで包みポリ袋に入れて、冷蔵庫で保存（2、3日程度）。

●菜の花のちらし寿司 → p94

菜の花の辛子
じょうゆ和え

菜の花のほのかな苦みと辛子の
辛みで、冬から春へと、
からだを目覚めさせましょう。

材料(2人分)

菜の花 … 1/2束

練り辛子 … 小さじ1/2

しょうゆ … 大さじ1/2

作り方

1 菜の花は、湯気の立った蒸し
器に入れ2〜5分ほど蒸す(a)。
※蒸し器がない場合は、熱湯で2分ほ
ど茹でてもよい。

2 冷水に取り、色止めをする(b)。
3cm長さに切り、しっかりと水
気を絞る。

3 ボウルに練り辛子としょうゆを
入れて混ぜ、2を加えて和える。

菜の花とほたるいかの酢味噌和え

もちもちっと柔らかいほたるいかも春が旬。食卓に春のそよ風が吹くような爽やかな副菜です。

材料(2人分)

菜の花 … 1/2束

ほたるいか(茹でたもの) … 30g

【酢味噌】

A 味噌 … 大さじ1
　砂糖 … 小さじ2
　酢 … 小さじ2

作り方

1 菜の花は、湯気の立った蒸し器に入れ2〜5分ほど蒸す。

　※蒸し器がない場合は、熱湯で2分ほど茹でてもよい。

2 冷水に取り、色止めをする。3cm〜4cm長さに切り、しっかりと水気を絞る。

3 ほたるいかは、骨抜きで目玉と、足を広げたところにある口を取り除く(a、b)。

4 Aを合わせ酢味噌を作る。

5 4と菜の花とほたるいかを和える。

左が目玉と口を取り除いた後。右は取り除く前。

新じゃがいも

皮が薄くてぷりぷりした新じゃがいもは、小ぶりでみずみずしいのが特徴。特にこの薄い皮に老化防止や美肌効果のある栄養が含まれているので、丸ごと調理でこの時期ならではの食感を楽しんで。じゃがいもの栄養素は熱に強く、調理中に失われにくいのも嬉しい。

【選び方】皮がはがれやすく薄いものほど新しい。大きすぎるもの、芽が出たもの、皮が緑のものは避ける。
【保存方法】段ボールや紙袋に入れ、風通しのよいところで完全遮光にて保存。新じゃがいもは皮が薄いため長期保存には向かない。

●新じゃがとこんにゃくの煮っころがし → p34
●アスパラと新じゃがのバター炒め → p70
●新じゃがと新玉ねぎの味噌汁 → p321

青海苔皮付き
フライ

我が家の定番、ポテトフライも春は厚切り皮付きで。口の中に青海苔の香りが広がって、おいしさ倍増!

材料(2人分)

新じゃがいも … 中2個
塩 … 少々
青海苔 … 小さじ1
揚げ油 … 適量

作り方

1 じゃがいもは皮付きのままよく洗い、6〜8等分のくし形切りにする(a)。

2 160℃の油で竹串がすっと通るまでじっくり揚げる。揚がったら、網の上で余分な油を落とす(b)。

3 塩と青海苔をふる。

*小さなじゃがいもの場合は、切らずに丸のまま揚げてもよい。

新じゃがのきんぴら

みずみずしい新じゃがの食感を味わうなら、切って炒めるだけのきんぴらがおすすめです。

材料(2人分)

新じゃがいも … 2個
砂糖 … 小さじ1/2
A│しょうゆ … 大さじ1
　│みりん … 小さじ2
油 … 大さじ1
白炒りゴマ … 小さじ1

作り方

1　じゃがいもは細切りにして、水に5分ほどさらし、ザルに上げて水気を切る。

2　フライパンに油を熱し、じゃがいもを中火で炒め、全体に油が回ったら、砂糖を加える。

3　じゃがいもが全体的に透き通ってきたら、Aを加えて汁気がなくなるまで炒める。仕上げに白ゴマをふる。

新じゃがのオムレツ

じゃがいもをゴロゴロ、卵の上にのせて。
簡単オムレツは、お好みの固さで召し上がれ。

材料 (2人分)

新じゃがいも
… 中2個

卵 … 4個

塩 … 小さじ1/2

牛乳 … 大さじ1

油 … 大さじ1

トマトケチャップ
… 適宜

作り方

1 じゃがいもはよく洗う。皮のまま、竹串がすっと通るまで茹で、粗熱が取れたらひと口大に切る。

2 ボウルに卵を割りほぐし、塩と牛乳を入れ、よく混ぜる。

3 フライパンに油を熱し、2を流し入れる。底の部分が固まってきたら、じゃがいもをまんべんなく散らし、蓋をして中火で好みの固さで焼く。お好みでトマトケチャップをかけていただく。

新玉ねぎ

新玉ねぎはみずみずしくて苦みが少ないので、生のままいただけます。玉ねぎの栄養素は水に溶けやすいので、極力水にさらさないほうが栄養も旨みも逃げません。汁物にしたり、炒めたり揚げたりして栄養を逃がさない工夫を。冷蔵庫で冷やして切ると目にやさしく涙が出ません。

【選び方】皮がよく乾いていて、先端がよく枯れているもの。丸くて重みのあるものを。

【保存方法】冷暗所、または野菜室で保存。新玉ねぎは水分が多く普通の玉ねぎよりも傷みやすい。
●桜えびのかき揚げ → p32
●春キャベツと茹で卵のサラダ → p38

新玉ねぎと豚肉の串揚げ

豚肉との相性が抜群にいい玉ねぎは、油で揚げることで栄養も逃さず一石二鳥。

材料(2人分)

新玉ねぎ … 1/2個

豚肉(とんかつ用) … 100g

塩 … 少々

揚げ油 … 適量

【衣】

小麦粉 … 大さじ2

溶き卵 … 1個分

パン粉 … 1/2カップ

作り方

1 玉ねぎはくし形切り、豚肉はひと口大に切る。

2 竹串に玉ねぎと豚肉を交互に刺し、塩をふる(a)。

3 衣の材料をそれぞれバットなどに入れ、小麦粉、卵、パン粉の順で2に衣を付ける(b)。

4 170℃の油で4分ほど揚げる(c)。

新玉ねぎの
スライス

新玉ねぎは、甘みが
あって生でもおいしい。
ポン酢とおかかで和風
サラダのでき上がり。

材料(2人分)

新玉ねぎ … 1/2個
かつお節 … 適量
ポン酢 … 大さじ2

作り方

1　玉ねぎは、薄切りにする。辛
　みが気になる場合は15〜
　30分空気にさらす。

2　1を器に盛り、かつお節をの
　せ、ポン酢をかけていただく。

手作りポン酢

材料(作りやすい分量)

しょうゆ、みりん、酢
　　… 各1/2カップ
昆布 … 3cm角
お好みの柑橘 … 適量

作り方

1　調味料を鍋に入れ、ひと煮立ちさ
　せる。

2　耐熱容器に移して昆布を入れ、粗
　熱が取れたら、お好みの柑橘を絞
　り入れる。

*密閉容器に入れて冷蔵庫で3〜4週間
保存できる。

まんまるソテー

新玉ねぎは加熱すること
で甘みがさらに増します。
バター風味の甘みたっぷり
ジューシーソテー！

材料（2人分）

新玉ねぎの輪切り
（1.5cm厚さ）… 4枚
バター … 5g
しょうゆ … 小さじ1
油 … 大さじ1

作り方

1 フライパンに油を熱し、新
玉ねぎの輪切りを中火で
両面をこんがり焼く。

2 新玉ねぎが透き通ってき
たらバターを加え、香りづ
けにしょうゆを回しかける。

春の旬野菜（5）

新ごぼう

新ごぼうとは、秋に収穫されるはずのものを早く収穫する早採りごぼうのこと。繊維が柔らかく風味も上品でやさしい香りがします。皮の部分にたっぷりと栄養と香りが含まれているので、たわしで軽く土を除く程度に洗い、切った後は水にさらさずに調理します。

【選び方】太めで重く切り口にすの入っていないもの。泥付きのほうが風味がよく、長持ちする。

【保存方法】新聞紙に包み常温で保存する。洗ったものはキッチンペーパーで包みポリ袋に入れて冷蔵庫へ。

● 新ごぼうと油揚げの味噌汁
→ p321

新ごぼうサラダ

さっと茹でて、味噌とマヨネーズで和えた、ごぼうの香りが豊かな歯ごたえのよいサラダ。

手作りマヨネーズ

材料（作りやすい分量）

油 … 150㎖
卵黄 … 1個分
酢 … 大さじ1
塩 … 小さじ1/2

作り方

1 ボウルに卵黄、塩、酢を入れ、泡立て器でよく混ぜる。
2 油を少しずつ加えながら、その都度泡立て器でよく混ぜ、乳化させる。もったりとクリーム状になったら完成(a)。

a

材料（2人分）

新ごぼう … 1/2本（約100g）
手作りマヨネーズ … 大さじ2
味噌 … 小さじ1
黒ゴマ … 少々

作り方

1 ごぼうはたわしで軽く洗い、皮ごと4.5㎝長さのせん切りにする。さっと茹でてザルに上げ、粗熱を取っておく。
2 ボウルに1を入れ、手作りマヨネーズ、味噌を加えてよく混ぜる。
3 器に盛り、仕上げにゴマをふる。

豚肉と新ごぼうの柳川風どんぶり

どじょうの代わりに豚肉を使った母めし丼。新ごぼうの香りと味を卵でとじて包み込みます！

材料(2人分)

新ごぼう … 1/3本(約60g)
豚スライス肉 … 100g
卵 … 2個
三つ葉 … 適量
A　水 … 1/2カップ
　　みりん … 20㎖
　　しょうゆ … 20㎖
　　砂糖 … 小さじ1
ご飯 … 丼2膳分

作り方

1　ごぼうはたわしで軽く洗い、皮ごとささがきにする(a)。豚肉はひと口大に切る。三つ葉は3cm長さのざく切りにする。

2　鍋でAをひと煮立ちさせ、ごぼうと豚肉を入れ、中火で煮る。

3　具材に火が通ったら、溶いた卵を回し入れ(b)、蓋をする。1分くらいで火を止め、半熟に仕上げる。

4　丼にご飯を盛り、3をのせ、三つ葉をのせる。

すぐに調理する場合は、水にさらさなくてもよい。

にら

にらには、疲労回復や殺菌作用、血液をサラサラにする効果があります。にらは日持ちがしないので、早めに使い切ります。野菜や果物は、収穫後も生きていて呼吸しています。新鮮なものを新鮮なうちに使い切るのも、からだに栄養をたっぷり取り入れる方法の一つです。

【選び方】緑色が鮮やかで葉先までしゃきっとハリがあり、肉厚なもの。香りの強いものを選ぶ。

【保存方法】1〜2日でしなびてくるので、購入後は早めに使う。または、使いやすい長さに切って冷凍保存を。

にらたま

香りの高いにらをふわふわの半熟卵でとじて、最後にとろ〜りとした和風あんで仕上げます。

材料(2人分)

にら … 1束

卵 … 4個

塩 … 少々

油 … 大さじ1

【和風あん】

　水 … 1/2カップ

　しょうゆ … 大さじ1

　みりん … 大さじ1

　砂糖 … 小さじ1

【水溶き片栗粉】

　水 … 大さじ1

　片栗粉 … 大さじ1/2

作り方

1　にらは3cm長さに切る。卵は塩を加えよく混ぜる。

2　フライパンに油を熱し、強火でにらをさっと炒め、塩(分量外)をひとつまみ加え、そこに卵液を流し入れ、一気にかき混ぜて半熟卵を作る。

3　和風あんの調味料を鍋に入れて煮立たせ、水溶き片栗粉でとろみを付ける。

4　2を器に盛り、3のあんをかけていただく。

にらレバ炒め

レバーの下処理は水に浸すだけと簡単。おかずにもおつまみにもなるスタミナメニュー。

材料(2人分)

にら … 1束

もやし … 1/2袋

豚レバー … 160g

片栗粉 … 小さじ2

塩、こしょう … 各少々

油 … 大さじ1

ゴマ油 … 小さじ1

A | しょうが(すりおろし)
　　 … 1かけ分
　| 酒 … 小さじ1
　| しょうゆ … 小さじ1

B | しょうゆ
　　 … 大さじ1と1/2
　| 砂糖 … 大さじ1/2
　| 酒 … 大さじ1/2
　| にんにく(すりおろし)
　　 … 1/2かけ分

作り方

1 薄切りにしたレバーは20分ほど水にさらして臭みを取り⒜、水気をキッチンペーパーで拭き取り、Aに10分ほど漬ける。にらは4〜5cm長さに切る。

2 1のレバーに、まんべんなく片栗粉をまぶし付ける。

3 フライパンに油大さじ1/2を熱し、2を中火で焼き一旦、皿に取り出す。

4 フライパンに残りの油大さじ1/2を熱し、強火でにら、もやしを炒め、塩、こしょうをふる。

5 3を戻し入れ、Bを加えて絡め、仕上げにゴマ油を加える。

a

そら豆

そら豆という名前は、実が空に向かってなるからついたとか。本来春にだけしか収穫されない野菜。旬の時期に収穫されたものをいただきたいものです。切れ目を入れて塩茹ですると、冷めても皮にしわが寄らず、茹で上がりもきれいです。

【選び方】さやの緑が色鮮やかでふっくらとハリがあり、筋の部分が変色していないものを選ぶ。

【保存方法】さや付きのまま新聞紙に包んで冷蔵保存し、2〜3日で食べ切る。固めに茹でて冷凍保存も可能。

焼きそら豆

さやごと網焼きにするとさやの中で蒸し焼きになり、甘くてほくほくに。やみつきになるおいしさです。

材料(2人分)

そら豆(さや付き) … 6本

作り方

1 そら豆はさやの汚れを落とす。

2 よく熱した焼き網にそら豆をのせ、時々ひっくり返しながら、さやが黒くなるまで焼く(a)。

3 さやから豆を取り出し薄皮をむいていただく。

茹でそら豆

ちょっとひと手間、切り込みを入れてから塩茹でするから、味も食感もいい塩梅。

材料(2人分)

そら豆 … 10本

塩 … ひとつまみ

作り方

1 そら豆をさやから出して、豆の頭の黒い筋に包丁で切り込みを入れる(a)。

2 鍋にたっぷりの湯(分量外)を沸かし、塩を入れて2分ほど茹でる。ザルに上げて粗熱を取る(水に放すと水っぽくなり旨みが逃げる)。

3 粗熱が取れたら薄皮をむいていただく。

そら豆とえびの塩炒め

えびもそら豆もつやつやでプリプリ！見た目も食感もよく、春の献立を彩ります。

材料(2人分)

そら豆 … 200g
えび … 100g
酒 … 大さじ2
塩 … 小さじ1
しょうゆ … 小さじ1
水 … 50ml
油 … 小さじ2
【水溶き片栗粉】
| 水 … 小さじ2
| 片栗粉 … 小さじ2

作り方

1 そら豆を茹で、薄皮をむいておく(p61参照)。

2 えびは背ワタを取り、殻ごと水から2〜3分茹でザルに上げる。粗熱を取り、殻をむく。
  *えびの背の節の部分に竹串を刺し、背ワタをゆっくりと引き抜く。

3 フライパンに油を熱し、中火でえびを炒める。そら豆を入れ、酒、塩を入れる。さらに水、しょうゆを加え、最後に水溶き片栗粉でとろみを付ける。

えんどう豆

さやえんどうもグリーンピースも、旬の時期のおいしさは格別です。春にしか味わえない旬の香りを楽しんで。スナップえんどうはさやに食物繊維がたっぷり。強い食物繊維がバリアの役割をしてしっかりと中の実（豆）を守っているのです。

【選び方】さやえんどうは緑が淡く、豆が育ちすぎていないもの、グリーンピースは、ふっくらとハリのあるものを。

【保存方法】新聞紙に包んで冷蔵保存し、2～3日で食べ切る。グリーンピースは、さやから出すと豆が固くなり、風味が落ちる。

スナップえんどうの白和え

ポリッとした歯ごたえのスナップえんどうを、ほんのり甘くてなめらかな豆腐の衣で和えます。

材料（2人分）

スナップえんどう … 10〜15本

【和え衣】

絹ごし豆腐 … 1/2丁(150g)
白炒りゴマ … 大さじ2
味噌 … 小さじ1
砂糖 … 小さじ1
塩 … 小さじ1/4

さやの先端の5mmほどを指先で折り、そのままついてくる筋を引く。筋は内側と外側にあるので、両端を同様に行なう。

作り方

1 豆腐は2〜3cm角に切り熱湯で1〜2分茹で、ザルに上げて水気をよく切る。

2 スナップえんどうは筋を取り(a)、沸騰した湯で鮮やかな緑になるようさっと茹で、冷水に取り色止めする。ザルに上げて水気を切ってから半分に切る。

3 和え衣を作る。すり鉢に炒りゴマを入れて粒がなくなるまでよくすり、味噌、砂糖、塩、豆腐の順に加えなめらかになるまですり混ぜる。

4 食べる直前に3とスナップえんどうを和えて、器に盛る。

さやえんどうの卵とじ

黄色と緑で彩りもよい春の煮びたし。絹さやは火の通りが早いので調理も簡単です。

材料(2人分)

さやえんどう … 50g
卵 … 1個
だし … 100㎖
みりん … 大さじ1
しょうゆ … 小さじ2

作り方

1 さやえんどうは筋を取る。卵は割りほぐす。

2 鍋にだし、みりん、しょうゆを入れて火にかけ、さやえんどうを入れて中火で2〜3分ほど煮る。

3 さやえんどうに火が通ったら卵を回し入れ、卵が半熟よりやや固くなったら火を止め、余熱で火を通す。

グリーンピースご飯

旬のグリーンピースで、炊き込みご飯を。
この時期だけの生のふっくらお豆は感動の味。

材料（2合分）

グリーンピース
　　…正味100g
米 … 2合（360㎖）
水 … 2カップ
塩 … 小さじ1
酒 … 大さじ1

作り方

1　米はといでザルに上げ、水を切る。

2　1を鍋に入れ、分量の水を加えて
　　30分浸水させる。

3　2に塩、酒、グリーンピースを入れ、
　　蓋をして強火にかける。沸騰した
　　ら弱火にして13分炊く（または炊飯器
　　で普通に炊く）。

4　火を止めて10分蒸らしたら、全体
　　をさっくり混ぜ合わせる。

アスパラガス

抗酸化作用が高いといわれるアスパラガスは、葉ではなく茎で光合成をしています。ハカマと呼ばれる茎についている三角が葉。大きく伸びるために大事な生長点を保護しているこの葉にも、実は食物繊維が豊富なので、捨てずにいただきたいものです。

【選び方】穂先が締まっていて、根元の切り口が丸くてみずみずしい新鮮なものを選ぶ。

【保存方法】乾燥しやすいので霧吹きで水分を補給し新聞紙で包んで、立てた状態で冷蔵庫へ。

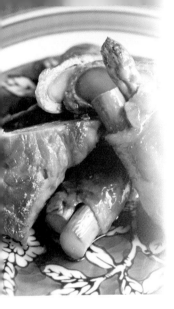

アスパラロール

肉の旨みで野菜の味がしっかり引き立つ肉巻き。蒸し焼きにするから、アスパラガスも下茹で不要。

材料（2人分）

アスパラガス … 6本

豚スライス肉 … 6枚

塩 … 少々

油 … 小さじ1

A｜ しょうゆ … 大さじ1と1/2
　｜ みりん … 大さじ1と1/2

作り方

1 アスパラガスは固い根元を2〜3cm切り落とし、下4〜5cmの皮をピーラーでむき、長さを半分に切る。

2 豚肉を広げて塩をふり、アスパラガスを2本ずつ巻く(a)。

3 フライパンに油を熱し、2の巻き終わりを下にして強火で焼く(b)。途中返して全体に焼き色がついたら蓋をして3〜4分弱火で蒸し焼きにする。Aを加え、強火で汁気を飛ばしながら、絡める。

4 食べやすい長さに切り、皿に盛る。

アスパラと新じゃがのバター炒め

2つの旬の香りと食感が味わえるようバター風味のシンプルな味付けで炒めました。

材料(2人分)

アスパラガス … 3本
新じゃがいも … 1個
バター … 10g
塩 … 少々

作り方

1 アスパラガスは固い根元を2〜3cm切り落とし、下4〜5cmの皮をピーラーでむき、4cmの斜め切りにする。新じゃがいもは皮をむいて細切りにする。

2 フライパンにバターを熱し、新じゃがいも、アスパラガスを順に加え炒める。火が通ったら、塩で味を調える。

アスパラのおひたし

茹でたアスパラガスを和風の煮汁に浸しておひたしに。かつお節で風味もアップ。

材料(2人分)

アスパラガス … 4本

A | だし … 1/2カップ
　　| しょうゆ … 大さじ1
　　| みりん … 大さじ1

かつお節 … 少々

作り方

a

b

1 Aをひと煮立ちさせ、冷ましておく。

2 アスパラガスは固い根元を2〜3cm切り落とし(a)、下4〜5cmの皮をピーラーでむき(b)、長さを3等分に切る。

3 鍋に湯を沸かし、アスパラガスを根元、真ん中、穂先の順に鍋に入れて、1〜2分ほど茹で、ザルに上げ、粗熱を取る。

4 3を1に浸し30分以上おく。器に汁ごと盛り、かつお節をのせる。

たけのこ

たけのこのえぐみは、カルシウムと結合すると中和されます。ぬかやわかめを入れて茹でるのもこの理由から。春は、進学、就職など新しいことが始まる時期。山の力、太陽の力を存分にもらって成長したたけのこの力をいただいて元気にスタートしましょう。

【選び方】穂先が締まって緑色になっていないもの。根元のイボイボが少なく、切り口がみずみずしいものを。

【保存方法】生のままおくとえぐみが増すので、購入後はできるだけ早く下茹でする。水に浸して冷蔵保存。

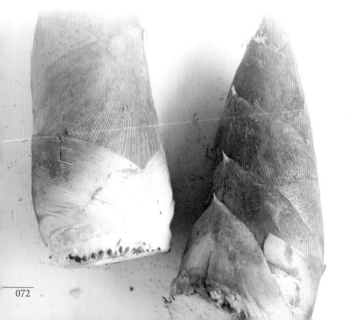

たけのこの茹で方

1 たけのこは厚い外皮を2〜3枚むく。穂先を斜めに切り落とし、縦に1本切り込みを入れる(a)。

2 米ぬか(1カップ)と赤唐辛子1〜2本を加えたたっぷりの湯で1時間ほど弱火で串が通るくらいまで茹で(b)、鍋の中で自然に冷ます。

*保存する時はきれいな水に浸して冷蔵庫へ。

a

b

若竹煮

春が旬の生わかめを使って作る若竹煮。わかめを一緒に煮ればたけのこのえぐみが中和されます。

材料(2人分)

茹でたけのこ … 300g

乾燥わかめ … 大さじ2

かつお節 … 4g

A｜だし … 1カップ
　｜しょうゆ … 大さじ1
　｜みりん … 大さじ1
　｜砂糖 … 小さじ1

木の芽 … 適量

作り方

1 たけのこは、食べやすい大きさに切る(穂先はくし形切り、根元は半月切り、またはいちょう切り)。乾燥わかめは水でもどししぼっておく。

2 鍋にAとたけのことかつお節を入れ、中火で10分ほど煮る。わかめを加え、さらに1〜2分ほど煮る。

3 器に盛り、木の芽をのせる。

たけのこ混ぜご飯

炊き込みご飯よりも作りやすい混ぜご飯。油揚げを入れて旨みとコクを出します。

材料(2合分)

ご飯 … 2合分(360㎖)
茹でたけのこ
　　… 小1本(150g)
油揚げ … 1枚
A　水 … 大さじ2
　　しょうゆ … 大さじ2
　　みりん … 大さじ1
　　砂糖 … 小さじ2

作り方

1　たけのこはいちょう切りにする。油揚げはザルに入れ、たっぷりの熱湯を回しかけて油抜きをし、短冊に切る。

2　鍋にAと1を入れ、煮汁がなくなるまで煮詰める。

3　ボウルに炊き上がったご飯を入れ、2を加えて混ぜる。

ふき

ふきは、地上には花芽と葉が出ていて、茎の部分は地中に伸びています。その地下茎から出てきた葉の柄の部分をいただきます。茹でてアク抜きしたものは、水に浸してタッパーなどに入れて冷蔵庫へ。水を時々交換すれば1週間はおいしく食べられます。

【選び方】ある程度太いほうが、柔らかい。ぴんとしていて、だらりとしんなりしていないものを選ぶ。

【保存方法】ふきは収穫後時間とともにアクが強くなるので、なるべく早く茹でるなどの下処理を。生のまま保存する場合、葉の部分と柄を切り離しラップかビニール袋に入れて冷蔵庫で保存。2～3日のうちに食べ切る。

ふきの下ごしらえ

1 鍋に入る大きさに切ったふきを、まな板にのせ塩をかけて板ずりをする(a)。この作業をしっかりすると色がきれいになる。

2 大きめの鍋にたっぷりの湯を沸かし、1のふきを入れ、2〜3分ほど茹でて、冷水に取る。

3 ふきの薄皮をむく。切り口から5cmくらいまで一周くるりと皮をむき、その皮をまとめて一気に下まで引くと全体の皮がきれいに取り除ける(b)。むき終わったら、再び冷水につけ30分ほどおく。

a

b

ふきの葉の佃煮

甘辛く炒め煮にして、ふきの香りをそのまま佃煮に。ご飯にのせたり、おむすびに混ぜたり、箸休めにも。

材料（作りやすい分量）

ふきの葉 … 3本分
しょうゆ … 大さじ2と1/2
みりん … 大さじ1
砂糖 … 大さじ1

a

作り方

1 ふきの葉はよく洗ってから熱湯で1分茹でて水にさらし、そのまま半日ほど水につけたままアク抜きをする(a)。

2 1の水気をよく絞り、細かいみじん切りにする。

3 鍋に2を入れ1分ほど乾煎りする。

4 3にしょうゆ、みりん、砂糖を加え、ひたひたの水（分量外）を入れ、汁気がなくなるまで炒め煮にする。

ふきの炒め煮

日本の山菜、ふきの魅力は香りとほのかな苦み。下ごしらえで、見た目も美しい柔らかい煮物に。

材料（作りやすい分量）

ふき … 3本
水 … 2/3カップ
A ┃ しょうゆ
　┃ 　… 大さじ1と1/2
　┃ みりん … 大さじ1
　┃ 酒 … 大さじ1
　┃ 砂糖 … 大さじ1
かつお節 … 4g
油 … 大さじ1

作り方

1 茹でたふきは4cm長さに切る（下ごしらえ参照）。

2 鍋に油を熱し、ふきをさっと炒め、全体に油が回ったら水とAを入れる。

3 煮汁が1/3くらいになるまで中火で煮たら、かつお節を加え、汁気がなくなるまで弱火で煮詰める。

うど

うどは、数少ない日本原産の野菜。大きくなっても柔らかいため使い道がない、役に立たないことから「うどの大木」という言葉がありますが、独特の香りは春に欠かせないもの。皮には食物繊維もたっぷりなので、捨てずにきんぴらにしていただきましょう。

【選び方】茎や節がしっかりしていて、全体の太さが均一、産毛がびっしり生えていてみずみずしいものを。

【保存方法】日に当たると固くなるので、乾かないように湿らせた新聞紙などでくるみ、冷暗所で保存。

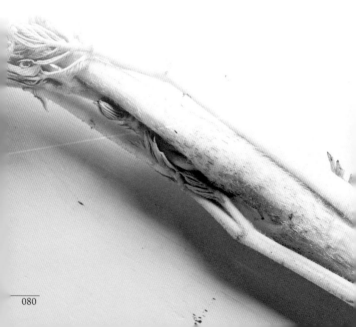

うどのきんぴら

うどの香りに、唐辛子がピリッとアクセントに。皮は、食感よく風味よく食べられるきんぴらで。

材料(2人分)

うど … 1/2本

唐辛子 … 適量

油 … 小さじ2

白炒りゴマ … 少々

A | みりん … 大さじ1
　| しょうゆ … 大さじ1

作り方

a

b

酢水は水2カップに酢小さじ1くらいを目安に。

1 うどは、皮が固ければ皮をむき(a)、柔らかければそのまま細切りにする。酢水に数分さらし(b)、ザルに上げて水気を切る。唐辛子は、種を取り小口切りにする。

2 フライパンに油を熱し、唐辛子と水気を切ったうどを、強火で炒める。皮を先に入れ、少ししたら、芯のほうを入れる。

3 Aを加えて、汁気を飛ばすようにさらに炒め、白ゴマをふる。

うどとわかめの酢味噌和え

うどの皮をむいた内側のシャキシャキの部分は、香りと歯触りが活きる酢の物がよく合います。

材料(2人分)

うど … 1/4本

乾燥わかめ … 小さじ2

【酢味噌】

A | 味噌 … 大さじ1
A | 砂糖 … 小さじ2
A | 酢 … 小さじ2

作り方

1 うどは皮をむいて薄切りにし、酢水に数分さらし、ザルに上げて水気を切る。

2 わかめはさっと洗い水気を絞り、食べやすい大きさに切る。

3 ボールにAを合わせ、酢味噌を作る。

4 3にうどとわかめを入れて和える。

山菜 （ふきのとう、たらの芽、わらび）

熊が冬眠から目覚めた時に最初に口にするといわれるふきのとう。食物繊維が多く、からだの中の老廃物を出す掃除役のわらび。冬の厳しい寒さを乗り越えてきた生きる力の強いたらの芽。体調を崩しやすい春は、山菜の力を借りてからだの中からデトックスを。

【選び方】ふきのとうは小ぶりでつぼみの締まっているもの。たらの芽はふっくらとハリのあるもの、いずれも色鮮やかなものを。わらびは、太すぎず、茎がしっかりとしたものを。

【保存方法】ふきのとうは湿らせた新聞紙に包んで冷蔵庫で1〜2日、たらの芽は新聞紙に包んでポリ袋に入れて冷蔵庫で数日。わらびはアク抜き処理したものなら、水に浸した状態で1週間ほど冷蔵保存できる。水は毎日替える。

ふき味噌

ふきのとうの苦み、味噌の甘みと旨みが凝縮。保存容器で冷蔵すれば日持ちもします。

材料（作りやすい分量）

ふきのとう … 100g

A | 味噌 … 50〜60g
　 | みりん … 大さじ2
　 | 砂糖 … 大さじ1/2

油 … 大さじ1

ゴマ油 … 小さじ1

作り方

1　Aをよく混ぜ合わせておく。

2　ふきのとうの根元を少し切り落とし、粗みじん切りにする。

3　フライパンに油を熱し、2を入れて全体に油が回るように中火で炒め、最後に香りづけにゴマ油を加える。

*ふきのとうはアクが強く色が変わりやすいので、刻んだら時間をおかずにすぐに炒める。

4　1を加えて弱火でよく練り混ぜ、火を止める。

a

*わらびは、アクが強く毒性があるので、しっかりアク抜きをすること。

わらびのアク抜き

1　わらびは、鍋やバットに沸騰した湯1ℓを入れ、重曹小さじ1/2をふり入れ全体がつかるようにして一晩おいた後、きれいな水にさらしてアクを抜く(a)。

山菜の天ぷら

（ふきのとう・たらの芽・わらび）

春の山菜の苦みと香りを、サクッと天ぷらに。加熱によって甘みも増して、食べやすくなります。

材料（2人分）

たらの芽 … 4個

わらび … 1/3束

ふきのとう … 4個

小麦粉 … 大さじ2

【衣】

｜ 水 … 1/2カップ

｜ 小麦粉 … 1/2カップ

片栗粉 … 大さじ1

揚げ油 … 適量

塩 … 適宜

作り方

1 たらの芽は根元の固い部分（ハカマ）を取り除き、根元に一文字に切り目を入れる。わらびはアクを抜き（わらびのアク抜き参照）、食べやすい長さに切る。ふきのとうは、つぼみの部分がよく見えるように葉を開いておく。

2 ボウルに衣の材料を入れて混ぜ合わせる。

3 別のボウルに1を入れ、小麦粉をふり入れ全体に打ち粉をする(a)。

4 3を2の衣にくぐらせるように付ける(b)。

5 170℃の油でサクッと揚げる。ふきのとうは火が通りにくいつぼみの部分から揚げて、最後にひっくり返す(c)。お好みで塩を付けていただく。

セロリ

セロリの香りには、イライラ鎮静作用・頭痛緩和作用があるそう。春先の気候の変化で心もからだも不調をきたしやすいこの時期、セロリを食事に取り入れて心穏やかに過ごしたいものです。茎より葉に多くの栄養が含まれているので、葉も捨てずに調理して。

【選び方】葉は緑が淡く柔らかなもの。茎は肉厚で太く筋がくっきりしたもの。切り口に空洞のないものを。

【保存方法】霧を吹いて新聞紙に包んで冷蔵庫へ。しおれやすいので早めに食べ切る。

●セロリのナムル → p22

セロリのしょうゆ漬け

西洋出身のセロリも、しょうゆ味によく合います。量が多くて食べ切れない時は、ぜひ試してみて。

材料（作りやすい分量）

セロリ … 2本

A ┃ しょうゆ … 大さじ2
　┃ 酢 … 大さじ1と1/2
　┃ 砂糖 … 小さじ1

作り方

1 セロリは、茎の根本に包丁を当て筋を引っ張るように取り除き、1cm厚さの斜め切りにする。

2 ビニール袋などにAを入れ、セロリを加えて袋の口を閉じ、セロリがよく漬かるようにして、冷蔵庫で半日から1日おいて味をなじませる。

セロリの葉の佃煮

栄養が一番ある葉は、無駄なくおいしくいただきます。香りがよく、クセもありません。

材料（作りやすい分量）

セロリの葉 … 3本分
しょうゆ … 大さじ2と1/2
みりん … 大さじ1
砂糖 … 大さじ1

作り方

1 セロリの葉は洗ってから水気を切り、細かいみじん切りにする。

2 鍋に1を入れ、1分ほど乾煎りする。

3 2にしょうゆ、みりん、砂糖を加え、ひたひたの水を入れ（分量外）、汁気がなくなるまで炒め煮にする。

いかとセロリの炒め物

身が柔らかくてセロリと相性のよいするめいか。にんにくとしょうがで香り高く炒めましょう。

材料（2人分）

するめいか … 1杯
セロリ … 1本
にんにく（みじん切り）
　　… 薄切り1枚分
しょうが（みじん切り）
　　… 薄切り1枚分
酒 … 大さじ1
塩 … 小さじ1/2
しょうゆ … 小さじ1/2
油 … 大さじ1

作り方

1　するめいかは胴の部分から、ゆっくりと足とワタを引き抜き(a)、胴に残っている軟骨や内臓をかき出し、くちばしを外す(b)。足の吸盤は包丁の背でこそげて取っておく(c)。胴は1cm幅の輪切りにしてから短冊に、足も身の大きさに合わせて切る(d)。

2　セロリは茎の根本に包丁を当て筋を引っ張るように取り除き、1cm幅の斜め切りにする。

3　鍋に油をひき、にんにくとしょうがを弱火で炒める。香りが出てきたら中火にして、セロリを入れ炒める。

4　セロリに油が回ってきたら、するめいかを入れ強火で炒め、酒、塩、しょうゆを入れ、味を調える。

a

b

c

d

お祝いちらし寿司

春は、雛祭りにお花見、端午の節句とおめでたい行事が続きます。また、春が旬のはまぐりは「良縁」を象徴する縁起物。ちらし寿司と縁起のよいお吸い物の、春爛漫なおもてなしで食卓を彩りましょう。

材料（2合分）

米 … 2合（360㎖）
昆布 … 2cm分
【寿司酢】
酢 … 大さじ4
砂糖 … 大さじ2
塩 … 小さじ1

【かんぴょう煮】
かんぴょう … 15g
干ししいたけ … 15g
にんじん … 小1/2本
A｜ 干ししいたけの
　　 戻し汁
　　　 … 150㎖
　　 砂糖 … 大さじ2
　　 しょうゆ
　　　 … 大さじ2
　　 みりん … 大さじ2

えび（茹でたもの）
　 … 8尾
菜の花
　 … 1/4束
刻み海苔
　 … 適量
【炒り卵】
卵 … 2個
砂糖 … 小さじ1
塩 … 少々
水 … 小さじ2

菜の花の
ちらし寿司

いつものちらし寿司も、菜の花を使って春色に。炒り卵で黄色い花が咲いているように盛りつけて。

作り方

1 かんぴょうは塩でよくもみ、柔らかくなるまで茹でて水洗いし、細かく切る。干ししいたけは1と1/2カップの水(分量外)に2時間ほど浸して完全に戻し、軽く絞り、細切りにする(戻し汁は煮汁に使う)。にんじんは細切りにする。

2 鍋に1と戻し汁とAを入れ、汁気が少なくなるまで中火で煮る。

3 菜の花はさっと茹でて冷水に取り、水気を絞って2cm長さに切る。えびは背ワタを取り、殻ごと水から2～3分茹でてザルに上げる。

4 炒り卵を作る。フライパンに油(分量外)を熱し、卵と調味料を混ぜたものを流し入れ、箸で混ぜながらポロポロになるまで炒る。

5 酢飯を作る。米は昆布を入れて固めに炊き、寿司桶(または大きなボウル)に移す。合わせた寿司酢をしゃもじに伝わせて全体に回しかけ、10秒ほどおく。しゃもじでご飯を切るように手早く混ぜ、うちわであおいで冷ます。

6 5の酢飯に2の具を混ぜ合わせて器に入れ、刻み海苔、炒り卵、えび、菜の花の順に盛りつける。

はまぐりのお吸い物

上品な澄んだおつゆは、旬のはまぐりの潮汁。お祝いの席にふさわしい贅沢なお吸い物です。

材料(2人分)

はまぐり … 4個
水 … 2と1/4カップ
酒 … 大さじ1
A｜みりん … 小さじ1
　｜しょうゆ … 小さじ1
　｜塩 … 小さじ2/3
あさつき(小口切り)
　… 適量

作り方

1 はまぐりは海水くらいの塩分(水の量の3%)のひたひたの水に浸し、冷暗所に1時間おき、砂抜きをする(a)。貝同士をこすり合わせて洗う。

2 鍋に水とはまぐりと酒を入れ、中火にかける。

3 沸騰したらアクを取り、Aを加えて味を調え、あさつきを散らす。

a

夏

夏の旬野菜

	10月	9月	8月	7月	6月	5月	4月	3月
とうもろこし								
トマト、なす、ピーマン								
枝豆								
夏レタス								
きゅうり								
オクラ、ししとう、ズッキーニ								
ゴーヤ								
香味野菜（しょうが 6,7,8月、みょうが 5,6,7,8,9月、大葉 6,7,8月）								
冬瓜、モロヘイヤ								

夏の献立とおかず

色鮮やかな夏野菜。太陽を浴びて栄養いっぱいの野菜から、
元気をいただきましょう。

強い紫外線の中、
たくましく育つ夏野菜

6月に入り初夏を過ぎると、太陽も
さんさんと照りつけ、気温も一気
に上がります。そんな暑さ厳しい
畑の中でも、たくましく育つ夏野菜
には、紫外線からからだを守る力、
「抗酸化作用」のある成分が豊富
に含まれています。

私たちが、食べ物をエネルギーに
変える時、からだの中で活性酸素
が生まれます。この活性酸素が増
えると、からだが酸化し、血管や細
胞が傷ついて動脈硬化などを引き
起こします。これを防ぐために有
効なのが「抗酸化作用」成分です。
これらは「ファイトケミカル」とも呼
ばれ、トマトの赤やなすの紫など、
植物の果皮の色に多く存在します。
夏野菜が色鮮やかなのは、外敵
や強い日差しから身を守る力が

備わっているから。それを食べる
ことで私たちはからだを強くする
ことができるのです。さらに夏野
菜には、水分を多く含む野菜が多
く、これらには、暑さでほてったか
らだを穏やかに冷ましてくれる働
きもあります。

体調に合わせて、
香りや酸味、味付けで、
食欲をそそる工夫を

また、夏は汗をかくので、塩分やミ
ネラルの補給も大切。暑くて食欲
がない時は、香りや酸味、味付け
で食欲をそそったり、さっぱり味で
のどごしをよくしたりと工夫して、体
調に合わせて献立を考えましょう。
夏は食べ物も傷みやすいので、調
理方法や保存の仕方などにも、充
分気を付けて。

いわしの蒲焼き
ししとう添え
献立

いわしを手開きにして蒲焼きに。ゴーヤや冬瓜など夏らしい涼感のある副菜を添えていただきます。甘辛い主菜にさっぱりとした副菜を合わせたバランスのよい献立です。

主菜	いわしの蒲焼き ししとう添え
副菜①	ゴーヤの梅和え→p159
副菜②	冬瓜のえびと枝豆あんかけ→p167
漬け物	新しょうがの甘酢漬け→p164
汁物	しじみ汁

ゴーヤの梅和え
→ p159

いわしの蒲焼きししとう添え

冬瓜のえびと
枝豆あんかけ
→ p167

新しょうがの甘酢漬け
→ p164

しじみ汁

いわしの蒲焼き ししとう添え

いわしを手開きにして蒲焼きに。ゴーヤや冬瓜など夏らしい涼感のある副菜を添えていただきます。甘辛い主菜にさっぱりとした副菜を合わせたバランスのよい献立です。

材料（2人分）

いわし … 2尾

小麦粉 … 適量

ししとう … 4〜6本

油 … 適量

【蒲焼きのたれ】

　しょうゆ … 大さじ1弱

　酒 … 大さじ1

　みりん … 大さじ1

　砂糖 … 小さじ1

作り方

1　いわしを手開きにし（手開きの手順参照）、小麦粉を薄くはたく。

2　フライパンに油を熱し、ししとうをさっと中火で焼いて、皿に取り出す。

3　同じフライパンで、いわしを中火で両面焼く。火が通ってきたら、余分な油をキッチンペーパーで拭き取り、混ぜ合わせた蒲焼きのたれを加えて煮絡める。

4　器に盛り、ししとうを添える。

いわしの手開きの手順

1　いわしの頭を切り落とす(a)。腹に切り込みを入れて内臓を出し(b)流水で洗う(c)。

2　いわしの頭を左側にして持ち、親指を中骨と上身の間に押し込み、右親指を中骨に沿って身をはがすように尾のほうに向かってずらしていく(d)。左親指は頭のほうに向かって同様に開く。

3　頭のほうから身を押さえるようにして中骨を外し、尾の近くまできたら中骨を手で折って取り除く(e)。

4　背側を上にして、ヒレをしっかりつかんで左右に動かし、背びれを取り除く(f)。

しじみ汁

盛夏の時期が旬の「土用しじみ」。水から入れて煮れば、栄養いっぱいのおいしいだしが出ますよ。

材料(2人分)

しじみ … 100g

水 … 2と1/2カップ

味噌 … 大さじ1と
　　　　1/2〜2

作り方

1　しじみは薄い塩分（水の量の0.5%）のひたひたの水に浸し、冷暗所に3時間おき、砂抜きをする。

2　貝同士をこすり合わせて洗う。鍋に水としじみを入れ、中火にかける。

3　アクを取りながら、沸騰したら火を止め、味噌を溶き入れる。

枝豆ハンバーグ献立

野菜がたっぷり食べられる母めしハンバーグ、夏は枝豆を入れて作ります。夏の暑さに負けずに元気に育った夏野菜の副菜や味噌汁と一緒にいただけば、明日の元気は間違いなし。

主菜	枝豆ハンバーグ
副菜①	トマトのサラダ→p123
副菜②	焼きなす→p129
漬け物	きゅうりのしょうゆ漬け
汁物	みょうがと卵の味噌汁→p322

トマトのサラダ
→ p123

きゅうりのしょうゆ漬け

焼きなす
→ p129

枝豆ハンバーグ

みょうがと
卵の味噌汁
→ p322

107

枝豆ハンバーグ

子どもも大人も大好きな母めしハンバーグ。夏は枝豆を入れてボリュームアップ！

材料(2人分)

豚ひき肉 … 160g

枝豆(茹でたもの正味)
… 30g

玉ねぎ … 1/4個

パン粉(食パン1/4枚でも良い)
… 15g

溶き卵 … 1/2個分

味噌 … ごく少量

塩 … 小さじ1/2

油 … 大さじ1/2

作り方

1 玉ねぎはみじん切りにする。フライパンに油(分量外)を熱し、玉ねぎを透明になるまで炒め、バットなどに取り出して冷ましておく。

2 枝豆は茹でて、豆をさやから出しておく(茹で方はp135参照)。パン粉(食パンは細かく切って)は溶き卵に浸しておく。

3 ボウルにひき肉を入れてよく練り、糸がひくくらいになったら、1、2を入れてさらによく練る。

4 塩、味噌を入れてよく混ぜ、枝豆を加えて混ぜ合わせる。2等分にして成形する。
*平らな楕円形にして中央をへこませ、表面はなめらかに整えて成形するのがポイント。

5 フライパンに油を熱し、片面を弱めの中火でじっくり焼いて、焼き色がついたら裏返し、蓋をしてさらに6分半ほど弱火で焼く。

きゅうりのしょうゆ漬け

ほんのり甘い旨みのぴり辛しょうゆ味とパリッポリッとした食感が後を引きます。

材料(作りやすい分量)

きゅうり … 4本
しょうが(細切り) … 1/2かけ分
唐辛子(小口切り) … 1/3本分

A しょうゆ … 60㎖
　 みりん … 40㎖
　 酢 … 大さじ1と1/2

作り方

1　鍋に湯を沸かし、きゅうりがつかるように入れて2分ほど茹でて火を止め、そのまま鍋で冷ます。

2　きゅうりを取り出し、新しい湯で1を繰り返し、冷めてから水を切る。

3　きゅうりを7㎜厚さの輪切りにし、さらしなどで包んで水気をしっかりと絞り、ボウルに移す。

4　鍋でAをひと煮立ちさせ、3に注ぎ入れる。しょうが、唐辛子を入れ、冷めるまで漬けおく。

＊保存袋などに入れ、空気を抜いて漬けてもよい。

あじの
焼き南蛮献立

暑い夏にはひんやり冷たい南蛮漬けで食欲をそそります。主役はほんのり甘く香り豊かなとうもろこしご飯。色彩やかな炒めたトマトや焼きズッキーニが食卓に華を添えます。

焼きズッキーニ
→ p148

きゅうりの塩もみ
→ p142

トマトの卵炒め

なすの味噌汁
→ p322

あじの焼き南蛮

とうもろこしご飯
→ p120

あじの焼き南蛮

揚げずに焼いて作る南蛮漬け。香りと食感のよい野菜も一緒に甘酸っぱいたれにたっぷり漬け込んで。

材料(作りやすい分量)

あじ(開いたもの) … 4尾
玉ねぎ … 1個
にんじん … 1/2本
ピーマン … 1個
片栗粉 … 適量
油 … 大さじ1
【南蛮だれ】
　水 … 100mℓ
　酢 … 120mℓ
　しょうゆ … 70mℓ
　砂糖 … 大さじ4
　赤唐辛子(小口切り)
　　… 1/2～1本分

作り方

1　玉ねぎは薄切り、ピーマンとにんじんはせん切りにする。南蛮だれの材料を混ぜ合わせておく。

2　あじは軽く塩(分量外)をふり、10分ほどおいて出てきた水分をキッチンペーパーで拭き取り、片栗粉をまぶす。

3　フライパンに油を熱し、あじを皮目から中火で焼き、焼き色がついたらひっくり返し両面焼く(a)。

4　あじを容器に移し野菜を重ねる。南蛮だれを上からかけ10分以上つけて、味をなじませる(b)。

a　b

トマトの卵炒め

ゴマ油が香る半熟卵とトマトのジューシーな炒め物。シンプルな味付けが旬のトマトの甘みを引き立てます。

材料(2人分)

トマト … 小2個

長ねぎ … 5cm分

卵 … 2個

塩 … 小さじ1/3

油 … 小さじ2

ゴマ油 … 小さじ1/2

作り方

1 トマトは6〜8等分のくし形に切り、長ねぎはみじん切りにする。卵は塩を加えて溶きほぐす。

2 フライパンに半量の油を熱し、トマトを入れてさっと中火で炒め、長ねぎも加えて炒め、一旦取り出す。

3 フライパンに残りの油を足し、強火で1の卵を流し入れ大きく混ぜる。卵が半熟状になったら2を戻し入れて、炒め合わせ、仕上げにゴマ油を加えて香りを付ける。

夏の旬野菜（1）

とうもろこし

とうもろこしは米、麦に並ぶ世界三大穀物。美容によいとされる栄養素やミネラルも豊富です。収穫後どんどん栄養価が下がり、一日おくと栄養価は半減するといわれているので、買ったらすぐ食べること。もし、すぐに食べられないなら加熱してから保存しましょう。

【選び方】ひげが濃い茶色になったものが熟している。外皮がみずみずしく、ずっしりと大きいものを選ぶ。

【保存方法】収穫後急速に鮮度が落ちるので、すぐに調理する。保存する場合は、茹でるか蒸すかしてラップで包み冷蔵。

●とうもろこしとオクラのかき揚げ
→ p175

焼きとうもろこし

甘いとうもろこしにしょうゆの香り。焼きとうもろこしは、味も香りも夏の象徴。

材料(2人分)

とうもろこし … 2本

【つけだれ】

しょうゆ … 大さじ2
砂糖 … 大さじ1
みりん … 大さじ1

作り方

1 とうもろこしは、ヒゲを取り、外皮は全てむき取る。

2 熱した焼き網にとうもろこしをのせ、時々回転させながらまんべんなく3分ほど焼き、ハケでたれを塗りながら、焦がさないようにさらに2分ほど焼く。

蒸しとうもろこし

プチプチの食感と甘みをしっかり感じたいなら、外皮を1皮分付けたまま蒸していただきましょう。

材料(2人分)

とうもろこし … 2本

作り方

1 とうもろこしは、ヒゲを切り、外皮は1皮分だけ残してむき取る。

2 蒸気の上がった蒸し器にとうもろこしを入れ、5〜8分蒸す。

とうもろこしご飯

お米を炊く時にとうもろこしの芯も入れると、旨みも甘みも倍増。冷めてもおいしくいただけます。

材料(作りやすい分量)

米 … 3合(540㎖)

水 … 3カップ

*炊飯器で炊く場合は水の量は3合の線に合わせる。

とうもろこし … 1本

塩 … 小さじ1/2

酒 … 大さじ1

作り方

1 米はといでザルに上げ、水を切る。

2 とうもろこしは包丁で実を外し、芯もとっておく(a)。

3 鍋に全ての材料を入れ、全体を混ぜ(芯は上にのせ)、30分浸水させる(b)。

4 強火にかけ、沸騰してきたら弱火で13分炊く(または炊飯器で普通に炊く)。10分蒸らし、上下を返して混ぜる。

とうもろこしを4〜5cm長さに切ってから、包丁の刃を芯に沿わせてくるりと回しながら実を外す。

トマト

昔から「トマトが赤くなると医者が青くなる」といわれるほど栄養価が高いトマト。抗酸化力が強く、生よりも、加工したり油を使う調理でその効果はぐんとアップします。生はもちろん、煮ても焼いても炒めてもおいしいトマトで、元気に夏を乗り切りましょう。

【選び方】丸くてハリがあり、お尻の放射状の筋が多くはっきりしたもの。ずっしりと重いものが甘くて味が濃い。

【保存方法】トマトは追熟するので、日の当たらない常温におく。真夏以外は冷蔵庫に入れない。
- ●トマトの卵炒め → p116
- ●冷やし中華 → p140
- ●オクラとわかめとトマトの夏和え → p151

トマトのサラダ

採れたての新鮮なトマトは、素材の旨みや甘みを引き立てるシンプルなドレッシングで。

材料(2人分)

トマト … 中2個

玉ねぎ … 1/4個

フレンチドレッシング(p39参照)
　　… 大さじ2

作り方

1　玉ねぎはみじん切りにする。

2　トマトは4mm幅の輪切りにして、皿に並べる。

3　玉ねぎをフレンチドレッシングに混ぜてトマトにかける。

ハヤシライス

玉ねぎと完熟トマトのおいしさが凝縮された母めしのハヤシライスは、八丁味噌が隠し味。

材料(2人分)

牛こま切れ肉 … 160g
塩、こしょう … 各少々
小麦粉 … 大さじ1
玉ねぎ … 1/2個
しめじ … 1/2パック
完熟トマト
　　　… 大1個(約250g)
油 … 大さじ1/2
A　酒 … 大さじ2
　　豆味噌(八丁味噌)
　　　　… 大さじ1と1/2
　　砂糖 … 小さじ1
　　塩 … 小さじ1/4
しょうゆ … 小さじ1
ミニトマト … 2個
パセリ … 少々
ご飯 … 2膳分

作り方

1　牛肉に塩、こしょうをし、小麦粉をまぶす。トマトはざく切り、玉ねぎは薄切り、しめじは石づきを取って小房に分ける。ミニトマトは1cm角に、パセリはみじん切りにする。

2　フライパンに油をひき、中火で牛肉を広げながらよく炒める。玉ねぎ、しめじを順に加え、さらに炒める。

3　玉ねぎがしんなりしてきたら、トマトとAを加え、蓋をして弱火で10分ほど煮る。豆味噌が固まっていたら、木べらで溶き混ぜ、しょうゆを加えてさらに3分ほど煮る。
＊豆味噌は溶けにくいので、鍋に入れる時には、手でちぎって入れるとよい。

4　器にご飯を盛って3をかけ、ミニトマトとパセリを散らす。

夏の旬野菜（3）

なす

「秋なすは嫁に食わすな」ということわざには「なすにはからだを冷やす働きもあるため、大事なからだを労わる」、「あまりにもおいしいから嫁に食べさせるのは惜しい」という二つの解釈があるのだとか。そんななすの皮の色素には、老化や動脈硬化の防止、ガンの発生と進行を抑制する作用を持つ成分も含まれているので、ぜひ皮もいただきましょう。

【選び方】色濃く、皮にハリツヤがあるもの、ヘタにあるトゲがチクチクするものが新鮮。

【保存方法】低温に弱く、冷蔵庫に入れると劣化が早まる。新聞紙などで包み常温で保存する。

● ししとうとなすの揚げびたし
→ p156

● だし（山形郷土料理）→ p163

● なすの浅漬け → p188

煮なす

しょうがのきいた煮汁がおいしくしみた姿が美しい上品な煮びたしです。

材料(2人分)

なす … 小3本(200g)

しょうが … 1/2かけ分

A だし … 1カップ
　 みりん … 大さじ1
　 しょうゆ … 大さじ1

作り方

1 なすはヘタを取って縦半分に切り、皮に斜めに浅く包丁を入れ、水に10分さらしてアクを抜く。しょうがはせん切りにする。

2 鍋にAを煮立て、なすを並べ、しょうがを加えて、落とし蓋をして中火で7〜8分煮る。

材料(2人分)

なす … 2本

白炒りゴマ … 少々

揚げ油 … 適量

【田楽味噌】

豆味噌(八丁味噌)

　 … 大さじ2

砂糖 … 大さじ3

酒 … 大さじ1と1/3

みりん … 大さじ2/3

作り方

1 田楽味噌を作る。小鍋に調味料を入れ、焦げつかないように弱火で熱し、全体に照りが出るように煮詰める。

2 なすは皮を縦に数カ所ピーラーで縞状にむき、2〜3cm厚さの輪切りにする。

3 170〜180℃の油でなすをさっと揚げる。

4 器に盛り、田楽味噌をかけ、白炒りゴマを散らす。

なすの田楽

皮はカリッと、中は柔らかい。
香ばしく揚がったなすを甘い田楽味噌で。

焼きなす

淡白な味でクセもないなす。まずは焼いてしょうがじょうゆで素材の味を楽しんで。

材料(2人分)

なす … 2本

しょうが(すりおろし)
　… 少々

しょうゆ … 適量

作り方

1　なすはヘタの部分にくるりと切り込みを入れてガクを取り(a)、皮がむきやすいよう、縦に4カ所くらい浅い切り込みを入れる(b)。

2　熱した焼き網またはグリルになすを並べて中火で焼く。皮にしわが寄って軽く焦げ目がつくまで、時々転がしながら全面を焼く(c)。

3　熱いうちに皮をむき(d)、食べやすい大きさに切る。しょうがを添え、しょうゆをかける。

a

b

c

d

ピーマン

ピーマンには青・黄・赤と3種あり、青ピーマンが熟したものが赤になります。赤ピーマンになるほど栄養価も高く、甘みも増すので食べやすくなります。細胞の活性化や疲労回復に効果があり、夏バテや夏風邪予防にはもってこい。夏の献立に積極的に取り入れたい野菜です。

【選び方】全体にツヤとハリがあり、肉厚で肩が盛り上がっているものを選ぶ。

【保存方法】夏以外は、日の当たらない常温で保存可能。夏場はポリ袋に入れて冷蔵庫へ。

ピーマンと豚肉の細切り炒め

豚肉の旨みとゴマ油の香りが野菜に絡んで、ピーマンが苦手な人でも、これなら大丈夫。

材料(2人分)

じゃがいも … 中1個
ピーマン … 3〜4個
豚スライス肉 … 180g
A しょうゆ … 少々
  しょうが(すりおろし)
    … 1/4かけ分
  にんにく(すりおろし)
    … 1/4かけ分
  片栗粉 … 大さじ1
油 … 小さじ2
酒 … 大さじ2
しょうゆ … 大さじ1
ゴマ油 … 小さじ1

作り方

1 じゃがいもは2〜3mm幅の細切りにし、水にさらして水気を切る。ピーマンは種を取り除き、じゃがいもに合わせて細切りにする。

2 豚肉は細切りにして、Aと合わせてもみ込んでおく。

3 フライパンに油を熱し、肉を中火で炒める。肉の色が変わってきたら、じゃがいもを入れ全体に油が回り表面が透き通ってきたら酒を加え強火にして水分を飛ばす。

4 ピーマンを入れしんなりしてきたら、しょうゆを回し入れ調える。最後にゴマ油をたらして香り付けする。

ピーマンの肉詰め

子どもも大好きなおかずは、お弁当にも重宝。肉を詰める前に小麦粉をふって、形よく仕上げて。

材料（2人分）

ピーマン … 3個

玉ねぎ … 70g

豚ひき肉 … 150g

A ｜ 塩 … 少々
｜ 酒 … 小さじ1
｜ 水 … 大さじ2

小麦粉 … 小さじ1

油 … 小さじ1

しょうゆ … 適量

練り辛子 … 適宜

作り方

1 ピーマンは縦半分に切って種を取る(a)。玉ねぎはみじん切りにする。

2 ボウルにひき肉とAを入れてよく混ぜ、粘りが出てきたら、玉ねぎを入れてさらによく混ぜる。

3 ピーマンの内側に小麦粉をふり(b)、2をスプーンなどで隙間がないように、しっかりと詰める(c)。

4 フライパンに油を熱し、肉側から中火でじっくり焼いて焼き色がついたら裏返し、蓋をしてさらに4〜5分ほど弱火で焼く。しょうゆ、お好みで練り辛子を添えていただく。

 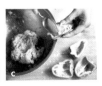

ヘタの部分は切り落とさずに内側の種だけ取る。

枝豆

「畑の肉」ともいわれている大豆。枝豆は、大豆が未熟なうちに枝ごと収穫したもので、大豆の持つ良質なたんぱく質と、緑黄色野菜の持つからだの発育に必要な栄養素の両方を持つすぐれものです。茹でたら水に入れず、ザルに上げてそのまま冷ます、これがおいしさの秘訣です。

【選び方】枝にさやが多くついているもの。さやは産毛が濃く、豆の形がくっきりしているもの。

【保存方法】鮮度が落ちやすいので、買ってきたらすぐに茹でる。保存する場合は、茹でてから冷凍する。
●枝豆ハンバーグ → **p108**
●冬瓜のえびと枝豆あんかけ
　→ **p167**

枝豆の塩茹で

枝豆といえばやっぱり塩茹で。茹ですぎると旨みが流れてしまうので気を付けて。

材料（2人分）

枝豆 … 1袋（200〜250g）

粗塩 … 40g

作り方

1 枝豆はざっと洗い、キッチンバサミで両端を少し切り落とす。

2 粗塩の1/3の量を枝豆にふりかけ、両手ですり合わせるようにして産毛を取る。

3 水1ℓを沸騰させ、残りの粗塩と枝豆を入れ、4〜5分ほど茹でる。ひとつ食べてみて、茹で上がっていればザルに上げ、自然に冷ます。

枝豆のおろし和え

大根おろしと酢じょうゆでさっぱり涼しげに。焼き魚などの副菜やお酒のおつまみにも。

材料（2人分）

枝豆 … 80g

大根おろし … 1/2カップ

酢 … 小さじ1

しょうゆ … 小さじ1/3

作り方

1 枝豆は茹でて（上記参照）、さやから出す。

2 大根おろしに酢としょうゆを混ぜ、枝豆を和える。

夏レタス

レタスの語源が「乳」なのは、切った葉から出る白い液がお乳に似ているからだとか。微量ながら神経の高ぶりを抑え寝付きをよくする成分が含まれるそう。調理の際はこの液に含まれる旨みを金属の影響で損なわないよう、包丁ではなく手でちぎって。

【選び方】緑色が淡くみずみずしいもの。巻きがふんわりとゆるく、軽いものを選ぶ。

【保存方法】乾燥させないよう、濡らしたキッチンペーパーを芯に当て、ポリ袋に入れて冷蔵庫へ。

かつおたたきサラダ

旬の初がつおにフライパンで焼き目を付け、味と食感の相性がよいレタスをたっぷり添えて。

材料(2人分)

かつお(刺身用) … 1/2さく

塩、こしょう … 少々

レタス … 1/4個

玉ねぎ … 1/4個

大葉 … 2枚

みょうが … 2個

油 … 少々

【たれ】

ポン酢
　… 大さじ3(p50参照)

ゴマ油 … 小さじ1と1/2

にんにく(すりおろし)
　… 小さじ1/4

作り方

1　レタスはひと口大にちぎり、玉ねぎは薄切りにする。大葉とみょうがはせん切りにする。たれの材料を混ぜ合わせておく。

2　かつおに塩、こしょうをし、フライパンに油を熱し、弱火で各面を焼く(a)。表面だけ焼いて、中心まで完全には火を通さない。
　*断面を見ながら、周りが1〜2mm焼けて白くなったら、面を変えて焼く。

3　全部の面が焼けたら氷水を張ったバットに入れて冷まし(b)、キッチンペーパーなどで水気を取る。7〜8mm厚さに切る。

4　器にレタスと玉ねぎを敷き、かつおを盛る。大葉とみょうがを散らし、たれをかけていただく。

a　　b

きゅうり

水分を90%も含むきゅうり。利尿作用があり、むくみを取ったり、からだを冷やす効果があるので、水分補給や熱くほてったからだを冷やしたい夏にぴったりの野菜。通年スーパーで見かける野菜ですが、栄養価の高い旬のものを味わいましょう。

【選び方】全体にハリとツヤがあり、イボが尖っているもの、トゲのあるものが新鮮。

【保存方法】冷蔵庫に入れると劣化が早い。夏以外は冷暗所で保存。夏場は新聞紙などで包んで冷蔵庫へ。

●きゅうりのしょうゆ漬け → p110
●だし（山形郷土料理）→ p163

たたききゅうりと鶏のねぎ塩だれ

ねぎの香り豊かな塩だれと、
鶏肉の旨みが絶妙。
きゅうりは叩いて、味を染みやすく。

材料(2人分)

きゅうり … 1本

鶏肉(ささみ) … 1本

酒 … 小さじ2

塩 … 少々

ねぎ塩だれ
　… 大さじ1と1/2

【ねぎ塩だれ】

　長ねぎ(みじん切り)
　　… 5cm分

　しょうが(すりおろし)
　　… 1/2かけ分

　にんにく(すりおろし)
　　… 1/3かけ分

　油 … 大さじ2

　塩 … 小さじ2/3

作り方

1　鶏のささみは酒と塩をまぶして、湯気の立った蒸し器で7〜8分蒸し(茹でてもよい)、食べやすい大きさに手で裂いておく。ねぎ塩だれの材料を混ぜ合わせておく。

2　きゅうりは洗って両端を落とし、まな板に置き、すりこぎ棒などで軽く叩いて(a)食べやすい大きさにする。

3　ボウルにきゅうりとささみを入れて、ねぎ塩だれで和える。

a

139

冷やし中華

夏の手間なし料理の定番、冷やし中華。母めし版は、自家製だれで具だくさん！

材料(2人分)

中華めん … 2玉
もやし … 1/2袋
きゅうり … 1本
トマト … 1/2個
ハム … 2〜3枚
卵 … 1個
【冷やし中華たれ】
　しょうゆ … 大さじ3
　酢 … 大さじ1と1/2
　砂糖 … 大さじ1
　ゴマ油 … 大さじ1
練り辛子 … 適宜

作り方

1　たれの材料を混ぜ合わせ、冷蔵庫で冷やしておく。きゅうり、ハムはせん切り、トマトはくし形に切る。もやしはさっと茹で、ザルに上げ冷ます。

2　卵は溶きほぐし、塩少々(分量外)を加え、薄焼きにする。粗熱が取れたら細切りにする。

3　鍋に湯を沸かし、中華めんを袋の表示時間通りに茹でる。冷水で洗い、ザルに上げて水気をよくきる。

4　器にめんを盛り、具材をのせて、たれを回しかける。お好みで練り辛子を添える。

きゅうりの塩もみ

皮の固いきゅうりも、即席漬けでしんなりとさせ、塩でもむだけで、立派な漬け物になります。

材料（2人分）

きゅうり … 1本（約100g）

塩 … 2g

＊塩分は漬ける野菜の重さの約2%が目安。お好みで加減して。

作り方

1 きゅうりは縦半分に切って、斜め薄切りにする。

2 ビニール袋に入れて、塩を加えて全体にもむ。空気を抜いて口を閉じ、冷蔵庫に30分ほどおく。

3 水気を絞って、器に盛る。

ズッキーニ

きゅうりに似ていますが、実はカボチャの仲間。未熟な実のうちに収穫し、収穫後は追熟させず、すぐに食べます。味が染み込みやすいので豚肉などと料理すると、肉の旨みを吸い込んでさらにおいしくなります。皮が美しい色なので皮ごと調理しましょう。

【選び方】全体の太さが均一なもの。皮にハリとツヤがあって、切り口がみずみずしいもの。

【保存方法】低温を嫌うので新聞紙で包み、冷暗所で保存。新鮮なうちに食べる。

ズッキーニロール

母めしおかずの人気メニュー
"肉巻き"。
旬のズッキーニを巻いて、ね
ぎソースが定番です。

材料(2人分)

ズッキーニ … 1本
豚スライス肉… 4枚
塩 … 少々
油 … 小さじ1
【ねぎソース】

長ねぎ(みじん切り) … 5cm分
にんにく、しょうが
　(すりおろし) …各小さじ1弱
しょうゆ … 大さじ4
油 … 大さじ1と1/2
ゴマ油 … 小さじ2
すりゴマ … 大さじ1弱
砂糖 … 大さじ1

作り方

1　ねぎソースの材料を混ぜ合わせておく。ズッキーニは長
　さを半分に切り、縦に4つに切る。

2　豚肉を広げて塩をふり、ズッキーニを巻く。

3　フライパンに油を熱し、2の巻き終わりを下にして強火で
　焼く。途中返して全体に焼き色がついたら、蓋をして3〜
　4分弱火で蒸し焼きにする。

4　食べやすい長さに切り、お好みでねぎソースやポン酢を
　かけていただく。

＊p69の「アスパラロール」と同様に照り焼きにしてもおいしい。

ズッキーニの味噌炒め

ズッキーニに、豚の旨みと味噌の風味が絡まります。
最後にのせる大葉の香りが爽やかな夏の炒め物。

材料(2人分)

ズッキーニ … 1本
豚こま切れ肉 … 80g
大葉 … 4枚
油 … 大さじ1
A 味噌 … 大さじ1と1/2
  みりん … 大さじ1
  砂糖 … 小さじ1
  しょうゆ … 小さじ1

作り方

1 ズッキーニは7㎜厚さの半月切りにする。大葉は細切りにする。

2 フライパンに油を熱し、中火で豚肉を炒める。肉に火が通ったらやや火を強めて、ズッキーニを入れ、両面に焼き色がつくまで炒め、Aを入れる。

3 全体が混ざったら、大葉を加え火を止める。

焼きズッキーニ

厚めの輪切りにして、
歯ごたえよく炒め、おかかと
しょうゆでシンプルに。

材料(2人分)

ズッキーニ … 1本
油 … 少々
しょうゆ … 適量
かつお節 … 適量

作り方

1　ズッキーニは7mm厚さの
　　輪切りにする。

2　フライパンに油を熱し、ズ
　　ッキーニを中火で炒める。

3　器に盛り、しょうゆとかつ
　　お節をかけていただく。

オクラ

オクラは、胃の粘膜を保護したり、たんぱく質の消化・吸収を助ける働きがあるため、肉や魚と一緒にとると胃の負担が軽くなるといわれています。たくさんある時は、茹でたり炒めたりして加熱してから冷凍保存を。

【選び方】柔らかな産毛が密生しているもの。筋張ったもの、黒ずみが目立つものは避ける。

【保存方法】ポリ袋に入れて冷蔵庫へ。できるだけ早く使い切る。
●だし（山形郷土料理）→ p163
●とうもろこしとオクラのかき揚げ
→ p175

オクラとわかめと
トマトの夏和え

ほどよい酸味が食欲をそそる夏の酢の物。
オクラの緑の星形とトマトの赤で彩りよく。

材料（2人分）

オクラ … 5本
乾燥わかめ … 大さじ1
トマト … 1個
しょうが … 1/2かけ
合わせ酢 … 大さじ2
【合わせ酢】
　酢 … 大さじ2
　砂糖 … 小さじ2
　しょうゆ … 小さじ1
　全ての材料を混ぜ合わせる。

作り方

1　オクラは1分ほど茹で、ザルに
　上げる。粗熱が取れたらガク
　を落として、3等分に切る。乾
　燥わかめは水でもどし絞って
　おく。トマトは2cmの角切りに
　する。しょうがは細切りにする。

2　ボウルに1を入れ、合わせ酢
　と和える。

オクラのナムル

オクラのねばねばを、
ナムルで楽しむ副菜。
見た目も夏らしく、
涼しげな一品。

材料（2人分）

オクラ … 8本
白炒りゴマ … 大さじ1
油 … 小さじ1
塩 … 少々
しょうゆ … 数滴

作り方

1 オクラは1分ほど茹で、ザルに上げる。粗熱が取れたらガクを落として、縦半分に切り、繊維にそって細切りにする。白ゴマは、すり鉢でする。

2 ボウルにオクラを入れ、油を加え全体にまぶし、塩、しょうゆ、すりゴマを加えて和える。

ししとう

唐辛子の仲間の中でも辛みが少ない品種で、加熱することで甘みも引き出されます。加熱する前に竹串などで数カ所穴をあけることにより、加熱時の破裂を防ぐことができます。時折辛いものが混じっているのは、育つ過程のストレスが原因なのだとか。

【選び方】色が鮮やかでツヤがあり、ヘタのしっかりしたものを。

【保存方法】新聞紙で包み、常温で保存する。

● いわしの蒲焼きししとう添え
→ p102

ししとうのじゃこ炒め

強火で炒めてさっと作れるじゃこ炒め。しらす干しの塩味がししとうの甘みを引き出します。

材料（2人分）

ししとう … 150g
しらす干し
　　… 大さじ1と1/2
塩 … 少々
油 … 小さじ1

作り方

1　ししとうはヘタを取り、大きいものは半分に切る。

2　フライパンに油を熱し、ししとうを強火で炒める。

3　全体がしんなりして油が回ったらしらす干しを入れ、塩で味を調える。

ししとうとなすの揚げびたし

ししとうは揚げる前に破裂防止の穴をあけて、なすは切ったらすぐに揚げて、仕上がりも美しく。

材料(2人分)

なす … 2本
ししとう … 8本
しょうが(すりおろし)
　　… 1かけ分
揚げ油 … 適量
【漬け汁】
　┌ だし … 1カップ
　│ しょうゆ … 大さじ2
　└ みりん … 大さじ2

作り方

1　漬け汁を作る。鍋にだしと調味料を入れて、ひと煮立ちさせる。ししとうは楊枝などで穴をあけて揚げた時の破裂を防ぐ。

2　なすはヘタを取って縦半分に切り長さを半分にし、皮に格子状の切り目を入れる。

3　170℃の油でなすを色よく揚げ、中まで火を通す。ししとうはさっと揚げる。
　　*なすは切ったらすぐに揚げると変色しにくい。

4　熱いうちに漬け汁に浸し、10分ほどおく。

5　器になすとししとうを盛り、しょうがを添える。

ゴーヤ

独特の苦みが特徴のゴーヤ。果皮に含まれる苦み成分には抗酸化作用があり、コレステロールや老廃物の排出、動脈硬化、糖尿病、ガンを予防する効果が。夏の暑い日差しを受けて大きくなるパワーたっぷりのゴーヤから、元気をいただきましょう。

【選び方】イボイボが密集していてハリがあり、ずっしり重いものを選ぶ。ところどころ黒ずんだものは避ける。

【保存方法】新聞紙に包んでポリ袋に入れ、冷蔵庫へ。カットしたものはワタと種を取り除き、ラップで包む。

ゴーヤの梅和え

太陽をいっぱい浴びた梅干しとゴーヤ。
さっぱりした和え物で疲労回復、夏を元気に。

材料（2人分）

ゴーヤ … 1/2本
梅干し … 2個
油揚げ … 1/2枚
油 … 小さじ1
しょうゆ … 小さじ1/2

作り方

1　ゴーヤは縦半分に切り、種を取り除き5mm幅に切る。塩小さじ1/2（分量外）をまぶして5分ほどおく。

2　油揚げはザルに入れ、たっぷりの熱湯を回しかけて油抜きをし、短冊に切る。梅干しは種を取り、梅肉を包丁で叩く。

3　ボウルに1と2、油、しょうゆを入れて混ぜ合わせる。

＊酸味が強い時は砂糖を小さじ1/2くらい入れると酸味が抑えられる。

ゴーヤチャンプル

ゴーヤの苦みも、ほかの素材と一緒に炒めて旨みと絡めれば、食べやすくまろやかに。

材料(2人分)

ゴーヤ … 1本
木綿豆腐 … 1/2丁
豚こま切れ肉 … 100g
卵 … 2個
もやし … 1/4袋
しょうゆ … 小さじ2
かつお節 … 少々
油 … 大さじ2

作り方

1 豆腐は倍の重さの重しをして1時間水切りし、手で大きめにちぎる。

2 ゴーヤは縦半分に切り、種を取り除き5mm幅に切る。塩小さじ1(分量外)をまぶして5分ほどおく。

3 豚肉はひと口大に切る。卵は溶きほぐしておく。

4 フライパンに半量の油を熱し、中火で豆腐を焼く。焼き色が付いたら一旦取り出す。

5 残りの油を足し、肉を炒める。色が変わったらゴーヤを加え、火が通ったら豆腐を戻し入れ、もやしを入れる。

6 もやしがしんなりしてきたら、しょうゆを入れ、卵でとじる。仕上げにかつお節を散らす。

香味野菜 （しょうが、みょうが、大葉）

しょうが、みょうが、大葉、どれも独特の風味があり、料理の臭みを消したり引き立てたりと味のアクセントになるものばかり。古くから、食欲増進、解毒効果（大葉）、新陳代謝を促しからだを温める（しょうが）、消化を促進する（みょうが）働きがあるといわれています。

【選び方】しょうが（根しょうが）とみょうがは、ハリツヤがよく、ふっくらとしたもの。大葉は切り口がみずみずしく、葉先までピンとハリのあるものを選ぶ。
【保存方法】しょうがは夏以外は常温で。みょうがは湿らせたキッチンペーパーに包み冷蔵。大葉はコップに挿して切り口を水に当て、葉にポリ袋をかぶせて冷蔵。

●かつおたたきサラダ（みょうが、大葉）→ p137
●ズッキーニの味噌炒め（大葉）→ p146
●そうめん（しょうが、みょうが、大葉）→ p174

だし（山形郷土料理）

夏野菜と香味野菜を細かく刻んでなじませて。ご飯にのせたり、冷や奴にかけたり。

材料（作りやすい分量）
オクラ … 3本
きゅうり … 1本
なす … 1本
みょうが … 3個
しょうが … 1/2かけ
大葉 … 4枚
塩昆布 … 10g
しょうゆ … 小さじ2

作り方

1　オクラは2分ほど茹で、ザルに上げて自然に冷まし、みじん切りにする。

2　きゅうり、なすは、4〜5mmの角切りにし、なすは水に5分さらしてアクを抜く。みょうが、しょうが、大葉はみじん切りにする。

3　ボウルに1と2、塩昆布としょうゆを入れ、味がなじむまで10分ほどおく。

163

新しょうがの甘酢漬け

お寿司に添えられる「がり」も手作りで。自家製ならではのやさしい味わいに。

材料(作りやすい分量)

新しょうが … 300g

A | 水 … 150㎖
  | 酢 … 150㎖
  | 砂糖 … 60g
  | 塩 … 小さじ1

a

作り方

1 鍋にAを入れ、ひと煮立ちさせて、砂糖を溶かし冷ましておく。

2 新しょうがは薄切りにして、熱湯で1〜2分茹でザルに上げ、冷めたら手で絞る。
   *スライサーを使うときれいに薄く切れる。

3 保存瓶に新しょうがを入れて1を注ぎ、一晩以上漬ける(a)。2〜3カ月間保存可能。

新しょうが

初夏から出回る新しょうが。茎の付け根がピンクで柔らかい。

冬瓜

夏に採れるのに、なぜ冬瓜なのかというと、丸のままだと冬まで保存できるから。95％以上が水分で低カロリー、また利尿効果があるので、昔からむくみ取りに用いられてきました。ビタミンＣが豊富なため、夏風邪などの予防にもなります。

【選び方】持った時にずしりと重いもの。カットされているものは、切り口がみずみずしいものを。

【保存方法】丸のまま冷暗所で冬まで長期保存可能。カットしたものはラップをして冷蔵し、早めに使い切る。

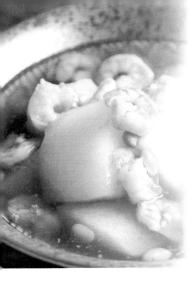

冬瓜のえびと枝豆あんかけ

やさしい味わいの冬瓜をえびの風味でいただくあんかけは、温かいままでも冷やしてもおいしい。

材料（2人分）

冬瓜 … 250g
枝豆 … 60g
むきえび(小) … 100g
しょうが(すりおろし)
　… 1かけ分
【あん】
　だし … 2カップ
　みりん … 大さじ2
　しょうゆ … 小さじ1
　塩 … 小さじ1
【水溶き片栗粉】
　水 … 大さじ3
　片栗粉
　　… 大さじ1と1/2

作り方

1　冬瓜は厚く皮をむいて3〜4cm角に切り、熱湯で竹串が通るまで茹でてザルに上げる。枝豆は茹でてさやから出す(p135参照)。

2　鍋にあんの材料とむきえびを入れひと煮立ちしたら、しょうがを加える。水溶き片栗粉を回し入れ全体を混ぜてとろみを付け、枝豆を入れて仕上げる。

3　器に冬瓜を盛り、2をかける。
＊夏は冷やしていただくとおいしい。

モロヘイヤ

モロヘイヤには、水溶性の食物繊維が豊富に含まれるため、コレステロール低下作用をはじめ、便秘の改善、肥満や糖尿病、大腸ガンといった生活習慣病の予防に効果があるとされます。活性酸素の働きを抑えるカロチンの含有量も、野菜の中ではトップクラス。

【選び方】葉が濃い緑色でピンとしているもの、茎の部分が固く、葉先や茎の切り口が茶色く変色していないものを選ぶ。

【保存方法】葉を摘み取り、ビニール袋などで空気を抜いて冷蔵庫で保存。さっと茹でて、よく水切りをし、ラップなどに包めば、冷凍庫で長期保存可能。

モロヘイヤポン酢

ポン酢の酸味で粘りのあるモロヘイヤを食べやすく。
白ゴマも香ばしく香って食欲をそそります。

材料(2人分)

モロヘイヤ … 1束

ポン酢 … 大さじ2〜3

（p50参照）

白炒りゴマ … 少々

作り方

1 モロヘイヤは葉を摘み取り、茎の固い部分は切り落とし、2cm長さに切る。

2 鍋に湯を沸かし、茎、葉を順に入れてさっと茹で、冷水に取り、水気を絞る。

3 器に盛り、ポン酢をかけ、白ゴマを散らす。

モロヘイヤ卵とじ

ほんのり甘くて、つゆだくさんの卵とじ。ご飯にかけて丼にするのもおすすめ。

材料(2人分)

モロヘイヤ … 1束
卵 … 2個
A｜だし … 150㎖
　｜しょうゆ
　｜　… 大さじ1と1/2
　｜みりん
　｜　… 大さじ1と1/2
　｜砂糖 … 小さじ1/2

作り方

1　モロヘイヤは葉を摘み取り、茎の固い部分は切り落とし、2cm長さに切る。

2　鍋にAを入れてひと煮立ちさせ、1を加える。蓋をして1〜2分中火で煮る。

3　溶き卵を回し入れ、蓋をして1分ほど煮て火を止める。

そうめんと夏の天ぷら

冷たくてのどごしもよく、食欲がない
時にもするりと食べられるそうめん。
サクッとした食感もおいしい旬のとう
もろこしとオクラの天ぷらを添えて、
暑い日のお客様へのちょっとしたおも
てなしに。

そうめん

定番のそうめんは、旬の香味野菜をアクセントにお好みなだしを使った自家製めんつゆで。

材料(2人分)

そうめん … 2把

【薬味】

> しょうが(すりおろし) … 1かけ分
> 大葉 … 3枚
> みょうが … 1個

【めんつゆ】(作りやすい分量)

> だし … 2カップ
> しょうゆ … 1/2カップ
> みりん … 1/2カップ

作り方

1 めんつゆを作る。だしと調味料をひと煮立ちさせ、粗熱が取れたら、冷蔵庫で冷やす。

2 大葉とみょうがはせん切りにする。

3 鍋に湯を沸かし、そうめんを袋の表示時間通りに茹で、冷水に取る。

4 氷水の入った器に盛り、めんつゆと薬味を添える。

とうもろこしとオクラのかき揚げ

食感が楽しい旬野菜は、かき揚げにしてサクッとカラッと揚げましょう。

a

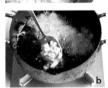
b

材料（2人分）

とうもろこし … 1本

オクラ … 5本

小麦粉 … 大さじ2

揚げ油 … 適量

【衣】

　水 … 1/2カップ

　小麦粉 … 1/2カップ

　片栗粉 … 大さじ1

作り方

1 とうもろこしは実を外し、オクラはガクを取って1cm厚さの輪切りにする。

2 ボウルに衣の材料を混ぜ合わせる。

3 別のボウルに1を入れ、小麦粉をふり入れ全体に打ち粉をし、大まかに4等分する(a)。

4 3に衣を付け、お玉や大きめのスプーンにのせる。

5 170℃の油に4をそっと落とす(b)。かき揚げが散り散りになったら箸で寄せ、衣をそっと落としてつなぎにする。

6 箸でつついても崩れないくらいまででしっかり揚がったら(3〜4分)、ひっくり返してさらに1分揚げる。

秋の旬野菜

			じゃがいも、さつまいも						
	長いも								
		里いも							
		にんじん (4,5,6,7月は春夏にんじん)							
			チンゲン菜						
きのこ (えのき 11,12,1,2,3月、しめじ、なめこ 10,11月、しいたけ 10,11,12月)							いんげん、新れんこん		
				新米、栗					
			ぎんなん						

3月	2月	1月	12月	11月	10月	9月	8月	7月	6月

秋の献立とおかず

食欲の秋。
気候の変化に合わせてバリエーション豊かな献立の工夫を。

夏の時期を経て
収穫を迎える秋野菜

朝晩涼しくなり、過ごしやすい日が続くようになると次の季節。そこかしこで虫の声が聞こえてくるようになると秋の訪れです。

「実りの秋」といわれるように、夏の暑い時期を経て収穫を迎える秋野菜がたくさん出てきます。特に、夏の暑い日差しでしっかりと光合成をし、栄養分を根にたっぷりと蓄えた、根菜類が多く収穫されます。

また、秋が旬の「きのこ」にも、免疫を高めたり、肝臓や胃の働きを助ける栄養がたっぷり。秋の恵みには夏の疲れを癒やしてくれる力が宿っているのです。

日本人の主食である「米」も秋に収穫されます。一年中、私たちは主食として「米」をいただいていますが、「新米」は、水分が多くモチモチとして粘りがあるのが特徴です。農家さんが手塩にかけて大切に育てた「新米」のおいしさは格別。たくさんいただいて冬に向けて体力を充実させ、体調を整えましょう。

秋から冬へ
からだが温まる料理が
恋しくなります

さて、「食欲の秋」ともいいますが、これら秋の恵みをふんだんに取り入れて、バリエーション豊かな食卓を作りたいものです。気候の変化に合わせて、調理法も秋冬のモードに。生の料理より、煮物や炒め物など、からだが温まる料理を増やしていくと、気分や体調と合いやすくなります。

れんこんと
いんげんと
豚肉の
黒酢炒め献立

今は一年を通して食べることのできるきのこですが、もともとはこの季節に山の中に分け入って採りに行った秋のごちそうでした。秋が旬のれんこんやさつまいもとともに自然の恵みを感じる献立です。

主菜　　れんこんといんげんと
　　　　　　豚肉の黒酢炒め→p229

副菜①　さつまいものレモン煮

副菜②　いろいろきのこおろし和え→p223

漬け物　昆布の佃煮

汁物　　チンゲン菜と油揚げの味噌汁
　　　　　　→p322

いろいろきのこ
おろし和え
→ p223

さつまいもの
レモン煮

れんこんといんげんと
豚肉の黒酢炒め
→ p229

昆布の佃煮

チンゲン菜と
油揚げの味噌汁
→ p322

さつまいもの
レモン煮

甘くておいしいさつまいも。レモンの酸味が素材の甘さを際立たせます。日持ちするので重宝します。

材料(2人分)

さつまいも … 小1本(350g)

レモン … 1/2個

A | 水 … 1と1/2〜2カップ
　 | 砂糖 … 50g

作り方

1　さつまいもは1cm厚さの輪切りにして、水に10分さらしアクを抜く。レモンはいちょう切りにし、種は取り除く。

2　小鍋にAを入れて火にかけ、溶かしておく。

3　別の鍋にさつまいもを入れ、いもの頭が見え隠れするくらいのひたひたの水を加え、竹串がすっと通るくらいまで茹でる。

4　さつまいもをそっと取り出し2の鍋に移し入れる。レモンを加えて弱火で10分煮る。火を止め、鍋の中で冷ます。

昆布の佃煮

だしを取った後の昆布は捨てずに佃煮にして、おいしく便利に有効活用しましょう。

材料（作りやすい分量）

だし昆布
（だしを取った後の昆布）
… 100g

水 … 50㎖

酒 … 50㎖

しょうゆ … 50㎖

みりん … 大さじ2

作り方

1 だし昆布は2㎝角に切る。

2 厚手の鍋に全ての材料を入れ、落とし蓋をして弱火で20〜30分煮る。

さんまの
塩焼き献立

秋といえばさんま。さんまの塩焼きが食卓にのぼる
ことで秋の訪れを感じる人も少なくないはず。かぼ
すやすだちを添えて季節を演出。副菜には夏の疲
れを取り、胃腸にもやさしいおかずを添えて。

主菜	さんまの塩焼き
副菜①	茶碗蒸し→p234
副菜②	いんげんの白和え→p220
漬け物	なすの浅漬け
汁物	じゃがいもとわかめの味噌汁 → p323

茶碗蒸し
→ p234

いんげんの白和え
→ p220

さんまの塩焼き

なすの浅漬け

じゃがいもと
わかめの味噌汁
→ p323

185

さんまの塩焼き

旬のさんまは昔ながらの網焼きで。皮はパリッと香ばしく、口の中で身の脂がじゅわっと広がります。

材料(2人分)

さんま … 2尾
塩 … 小さじ2
大根おろし … 適量
すだち … 1個
しょうゆ … 適宜

作り方

1 さんまは、さっと洗って水気をキッチンペーパーで拭き取り、数カ所切り込みを入れる(a)。塩をふって10分ほどおく。

2 焼き網を熱し、さんまを並べ、5分ほど焼く。焼き色が付いたら、裏返してさらに5分ほど焼いて中まで火を通す。

*盛りつけた時に上になるほうから焼く。

3 皿にさんまの頭が左、腹が手前になるように盛り、大根おろしとすだちを添える。お好みでしょうゆをかける。

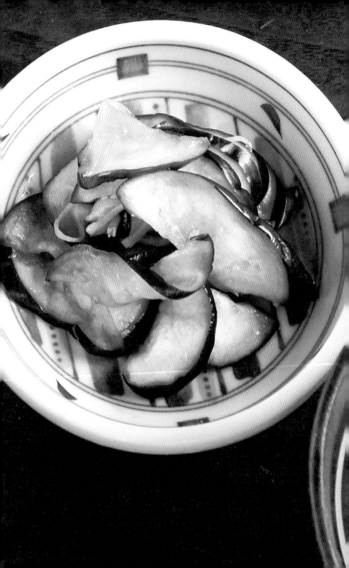

なすの浅漬け

切ったらビニール袋に入れてもむだけ。さっぱりとした浅漬けは、味の濃い主菜や副菜の口直しに。

材料 (作りやすい分量)

なす … 中1本 (約100g)
しょうが … 薄切り1枚
塩 … 2g (なすの重さの2〜3%)

作り方

1 なすはヘタを取って縦半分に切り、斜め薄切りにする。しょうがはせん切りにする。

2 ビニール袋に1と塩を入れ、全体をよくもんで空気を抜いて、口を縛る。冷蔵庫に1〜2時間おく。

3 水気を切って器に盛る。

生鮭の
照り焼き献立

生鮭といくらを使った秋のごちそう献立。シャキシャキ、つるつる、しっとりと、食感の違いもおいしさを演出します。海と山の恵みがたっぷりで、満足感がありながらカロリー控えめなのも嬉しい。

主菜	生鮭の照り焼き
副菜①	チンゲン菜のにんにく炒め→p216
副菜②	長いものいくら和え→p205
漬け物	なめたけ
汁物	とろろ昆布のお吸い物→p323

長いものいくら和え
→ p205

なめたけ

チンゲン菜の
にんにく炒め
→ p216

生鮭の照り焼き

とろろ昆布のお吸い物
→ p323

生鮭の照り焼き

秋に出回る生鮭を定番の照り焼きに。たれで煮絡めた柔らかい身が口の中でほころびます。

材料（2人分）

生鮭 … 2切れ
しいたけ … 2枚
油 … 大さじ1/2

【たれ】
しょうゆ
… 大さじ1と1/2
酒 … 大さじ1
みりん … 大さじ1

作り方

1 鮭は軽く塩(分量外)をふり、10分ほどおいて出てきた水分をキッチンペーパーで拭き取る。

2 しいたけは石づきを取り、大きければ半分に切る。

3 フライパンに油を熱し、しいたけをさっと焼いて一旦取り出す。

4 油を足し、鮭の両面を焼く。鮭に火が通ったら、しいたけを戻し入れ、混ぜ合わせたたれを加えて煮絡める。

なめたけ

自家製のなめたけ。
一度作って食べたら
その手軽さとおいし
さに、きっとやみつき
になりますよ。

材料（作りやすい分量）	作り方
えのき … 1株	1 えのきは石づきを取り、半分の長さに切ってほぐす。
しょうゆ … 大さじ2	2 小鍋に調味料を入れてよく混ぜ、えのきを入れて汁気がなくなるまで煮る。
酒 … 大さじ2	
砂糖 … 大さじ1	
味噌 … 小さじ1/2	

じゃがいも

じゃがいもには風邪の予防や疲労の回復、肌荒れなどに効果がある
ビタミンCがたくさん含まれています。長期保存もできて便利な食材
ですが、じゃがいもの芽の部分や、緑色をした皮の部分には有毒な
成分が。きれいに取り除いて調理しましょう。

【選び方】丸くてずしりと重いもの。芽　【保存方法】日に当たらないよう新聞
が出ているものは避ける。　紙に包んで冷暗所で保存。

たらもサラダ

フレンチドレッシングが決め手です。
たらこと海苔の海の香りもいい塩梅。

材料(2人分)

じゃがいも … 2個

たらこ … 1/2腹(大さじ2)

フレンチドレッシング
　　… 大さじ2(p39参照)

海苔 … 適量

作り方

1　たらこは、皮に包丁を入れ、中身を取り出す。

2　じゃがいもは皮のまま、竹串がすっと通るまで蒸す。

3　熱いうちに皮をむいてつぶし(a)、フレンチドレッシングを混ぜる。粗熱が取れたら、たらこを混ぜる。

4　器に盛り、海苔をちぎってのせる。

茹で上がったじゃがいもは熱いので、
キッチンペーパーでくるんで、竹串を
使って皮をめくるようにむくとよい。

a

肉じゃが

味が染みたホクホクの食感を目指すなら男爵。煮崩れさせたくなかったらメークインで作ります。

材料(4人分)

牛肉(こま切れ肉)
　… 100g
じゃがいも … 4個
玉ねぎ … 1個
糸こんにゃく
　… 1/2袋(150g)
砂糖 … 大さじ2
しょうゆ … 大さじ3
油 … 小さじ2
青ねぎ … 1本

作り方

1　牛肉とじゃがいもはひと口大に、玉ねぎはくし形に切る。青ねぎは2～3cm長さに切る。糸こんにゃくはひと口大に切って塩もみし、水で洗い流して臭みを取る。

2　鍋に、油を熱し、中火で肉を炒める。肉に火が通って色が変わったら、玉ねぎを入れて透き通るまで炒める。

3　じゃがいもを加え、ふちが透明になるまでよく炒める。じゃがいもの頭が見え隠れするくらいのひたひたの水を加え、5分ほど煮る。

4　砂糖、しょうゆ、糸こんにゃくを加え、煮汁がほとんどなくなるまで落とし蓋をして煮る。

5　器に盛りつけ、青ねぎをのせる。

さつまいも

さつまいもはヒルガオ科の植物の肥大した根の部分で、その甘さから甘藷とも呼ばれます。食物繊維とビタミンC、そしてビタミンEが豊富に含まれ、ビタミンCの100g中の含有量は柑橘類に匹敵するほど。女性に嬉しい若返りの効果が期待できます。

【選び方】色鮮やかでずしりと重いもの。切り口から蜜が流れ出ているのは、熟していて甘い証拠。

【保存方法】新聞紙や紙袋に包んで常温で保存。適温は10〜15℃。18℃を超えると発芽するので注意。

●さつまいものレモン煮 → p180

大学いも

加熱することでより一層甘みが増します。素材の甘さを活かして、最小限の調味料で。

材料（作りやすい分量）

さつまいも
　… 中1本(250g)

A｜水 … 大さじ2と2/3
　｜砂糖 … 大さじ2
　｜しょうゆ
　｜… 大さじ2/3

黒ゴマ … 大さじ1

作り方

1 さつまいもをよく洗い、皮ごとひと口大の乱切りにしてキッチンペーパーなどで水気をよく拭き取る。

2 160℃の油でさつまいもを竹串がすっと通るまで5分ほど揚げ、バットに上げて油を切る。

3 小鍋にAを入れ、とろみがつくまで弱火で煮詰めて蜜を作る。

4 3にさつまいもを加え、全体に蜜が絡むまで加熱し、仕上げに黒ゴマをふる。

さつまいもサラダ

りんごの酸味と、くるみの食感がアクセント。さつまいもの甘みが爽やかに広がるサラダです。

材料（2人分）

さつまいも
　　… 大1本(350g)
りんご … 1/4個
くるみ … 大さじ1
フレンチドレッシング
　　… 大さじ3 (p39参照)
塩 … 適宜

作り方

1　さつまいもはところどころ皮を残してむき、1.5cm角に切って3分ほど水にさらす。りんごは皮ごと3mm幅のいちょう切りにし塩水(分量外)にくぐらせ色止めする。くるみは粗く刻む。

2　蒸気の上がった蒸し器でさつまいもを10分ほど蒸す。

3　さつまいもが熱いうちにフレンチドレッシングを混ぜる。りんごとくるみを加えざっくりと混ぜ、塩で味を調える。

長いも

長いものねばねば成分は、胃を胃酸から守る・目の乾きを抑えるなどの働きをするほか、たんぱく質の消化吸収を促す働きもあり、スタミナ増強や疲労回復にも有効。ストレスや暴飲暴食などで傷ついた胃腸機能を回復する働きもあるそう。

【選び方】ひげ根の多いもの、切り口が白くてみずみずしいもの、なるべく漂白されていないものを選ぶ。

【保存方法】新聞紙に包んで常温に。カットしたものはキッチンペーパーで包み、ポリ袋に入れて冷蔵庫へ。

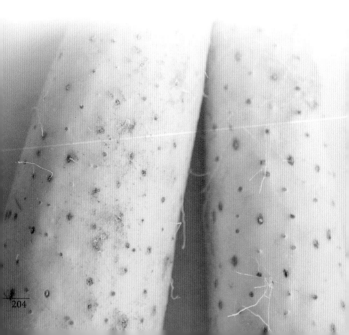

長いものいくら和え

いくらのプチプチ。長いものシャリシャリ。
紅白のめでたい彩りと食感が豊かな一品です。

材料（2人分）

長いも … 120g
いくら … 30g
しょうゆ … 適宜

作り方

1 長いもは皮をむき、細切りにする。

2 いくらと和え、お好みでしょうゆをかけていただく。

長いもの磯辺揚げ

すって混ぜてポトンと揚げるだけ。青海苔香る磯辺揚げは、外はカラッと、中はふんわり。

材料(2人分)

長いも … 180g

A 片栗粉 … 大さじ2
青海苔 … 小さじ1
塩 … 小さじ1/4弱

揚げ油 … 適量

作り方

1 長いもは皮をむいてすりおろし、Aを加えてよく混ぜる。

2 1をスプーンに取り、170℃の油にそっと落とす(a)。途中上下を返しながら、薄く色付くまで揚げる。

a

里いも

里いものぬめりには、老化防止・免疫を高める成分が含まれています。皮をむいたら水にさらさず手早くそのまま調理しましょう。調味料もぬめりに溶け込んで、里いもを包んだ形になり、味が絡んで一層おいしくなりますよ。

【選び方】ころんと丸みを帯びて重みがあり、縞のはっきりしたものを選ぶ。

【保存方法】泥付きのまま新聞紙で包み、常温で保存。

蒸し里いも

蒸すことで、栄養もおいしさも逃しません。
ほっこりねっとり。旬の味をしみじみと。

材料（2人分）

里いも … 4個
ゴマ塩 … 適宜
【合わせ味噌】
　味噌 … 大さじ1
　みりん … 小さじ1/2

作り方

1 里いもはよく洗い、皮付きの
　まま上下を切り落とす。

2 湯気の立った蒸し器に入れ
　て竹串がすっと通るまで、8〜
　10分蒸す。

3 皿に盛り、ゴマ塩や混ぜ合わ
　せた味噌などお好みの調味
　料でいただく。

209

里いもといかの煮物

コツは順番と時間。風味豊かに味も染みて里いももいかも柔らかく仕上がります。

材料(2人分)
里いも … 5〜6個
するめいか … 1杯
水 … 1と1/2カップ
しょうゆ … 大さじ3
酒 … 大さじ3
みりん … 大さじ2
砂糖 … 大さじ1

作り方

1 里いもは皮をむき、大きいものはひと口大に切る。塩少々(分量外)で洗い、ぬめりを取る。

2 するめいかはさばいて(P91参照)、1cm厚さの輪切りにする。足は短いものにそろえて先端を切り、2本ずつ切り分ける。

3 鍋に水と調味料を入れ、ひと煮立ちさせ、いかを加えて皮が赤くなったら一旦取り出す。里いもを加え、落とし蓋をして里いもが柔らかくなるまで10分ほど中火で煮る。

4 いかを戻し入れ、全体を混ぜて火を止める。蓋をして5分ほどおき、味をなじませる。

にんじん

緑黄色野菜の代表格、にんじん。葉や根の皮のほうが栄養が豊富なので、無農薬の葉が手に入ったら、丸ごといただきましょう。にんじんは加熱したり、酸（酢）と合わせることで、含まれるビタミンCをしっかり吸収できます。

【選び方】肩が張っていて先端に向かって自然と細くなっているもの。芯（葉の根元）が細いものが良品。

【保存方法】葉付きのものは、葉と根で分ける。新聞紙で包み、冷蔵庫で保存。

にんじんとちくわのきんぴら

安くて便利なちくわを使ってボリュームアップ！
にんじんに魚の旨みが加わって一層おいしく。

材料（2人分）

にんじん … 中1本
ちくわ … 2本
みりん … 大さじ1/2
しょうゆ … 大さじ1/2
油 … 大さじ1/2
白炒りゴマ … 小さじ1
味噌 … ごく少量

作り方

1 にんじんはせん切り、ちくわ
　は縦半分に切って斜め薄切
　りにする。

2 フライパンに油を熱し、にんじ
　んを中火で炒める。油が回っ
　たらちくわとみりんを加え、に
　んじん臭さを消すためにごく
　少量の味噌を入れる。

3 にんじんがしんなりしてきた
　ら、しょうゆを回し入れ白炒り
　ゴマをふる。

チンゲン菜

中国から伝わった野菜、チンゲン菜。春先には菜の花と同じように花芽を付けます。霜にあたると葉が柔らかくなり、おいしさも増します。ガン予防効果があり、カルシウムやカリウムなどアルカリ性のミネラルも豊富な野菜です。

【選び方】根元が肉厚でふっくらとハリがある。葉は幅広でみずみずしいもの。

【保存方法】新聞紙で包み、冷蔵庫で保存。

チンゲン菜の塩昆布和え

時間がない時のあと一品におすすめ。
塩昆布が味を調えて、まろやかに仕上げます。

材料（2人分）

チンゲン菜 … 2〜3株
塩昆布 … 5g

作り方

1 チンゲン菜は葉と茎に分ける。
鍋に湯を沸かし、茎を入れて
1分ほど茹で、続いて葉を入
れ1分ほど茹で、ザルに上げ
て自然に冷ます。

2 水気を絞り、食べやすい大き
さに切って塩昆布と和える。

チンゲン菜の にんにく炒め

にんにくとあみえびの旨み。味付けは塩だけ。葉と茎で、異なる歯ごたえを味わえます。

材料(2人分)

チンゲン菜 … 3株
あみえび … 大さじ1
しょうが(みじん切り)
　… 小さじ1
にんにく(みじん切り)
　… 小さじ1/2
油 … 大さじ1と1/2
塩 … 小さじ1/2

作り方

1　チンゲン菜は葉と茎に分けてひと口大に切る。

2　フライパンに油、にんにく、しょうが、あみえびを入れて弱火で炒め、香りが出てきたら、チンゲン菜の茎を強火で炒める。しんなりしてきたら葉を入れ、塩を加え炒める。

いんげん

江戸時代、どんな荒れ地にも育ったというこの強い野菜は、各種ビタミンやカルシウム、たんぱく質など栄養面にも優れ、飢饉の時にもおおいに役立ったそうです。収穫後時間が経つと風味が落ちやすいので早めにいただきましょう。

【選び方】豆の凹凸でさやが張っていないもの。みずみずしい緑色ですらりとしたものを選ぶ。

【保存方法】新聞紙や紙袋で包み、冷暗所で保存。2〜3日で食べる。
●れんこんといんげんと豚肉の黒酢炒め→ p229

いんげんのくたくた煮

いんげんをくたくたに柔らかく煮ます。
だしが染みて冷めてもおいしい仕上がりに。

材料(2人分)

いんげん … 150g
しょうが … 1/2かけ
だし … 3/4カップ
しょうゆ、酒、みりん
　… 各大さじ1

作り方

1　いんげんはヘタを切る。長ければ半分に切る。しょうがはせん切りにする。

2　鍋に全ての材料を入れ、落とし蓋をして中火にかける。沸騰したら弱火にして、くたくたになるまで15〜20分煮る。

219

いんげんの白和え

さやいんげんをごまで和えるとさらに抗酸化作用がアップします。茹で時間は短めに。

材料（2人分）
いんげん … 10本(80g)
【和え衣】
絹ごし豆腐 … 1/2丁(150g)
白炒りゴマ … 大さじ2
味噌 … 小さじ1
砂糖 … 小さじ1
塩 … 小さじ1/4

作り方

1 いんげんはヘタを切って2分ほど茹で、ザルに上げて冷まし、3〜4cm長さに切る。豆腐は2〜3cm角に切り、熱湯で1〜2分茹で、ザルに上げて水気をよく切る。

2 和え衣を作る。すり鉢にゴマを入れてしっとりするまでよくすり、味噌、砂糖、塩、豆腐の順に加え、なめらかになるまですり混ぜる。

3 2にいんげんを加えて和える。

きのこ

えのきには、解毒・排毒、免疫力向上、細胞の活性化、整腸、ガン細胞抑制、高血圧防止などさまざまな働きが。生食できないので必ず加熱調理しましょう。しめじは鮮度がよければ生で食べられます。しいたけは不溶性食物繊維が多く、腸の働きを活発にする効果があります。

【選び方】かさが開いていないもの、軸が太く肉厚なもの。変色や黒ずみのあるものは避ける。

【保存方法】新聞紙や紙袋で包み、冷蔵保存。石づきを取り除き、冷凍保存も可能。

●なめたけ → **p194**

いろいろきのこのおろし和え

いろいろなきのこを、さっぱり大根おろしで。

ツルッとした口当たりで、食べやすい。

材料（2人分）

しいたけ … 2枚

えのき … 1/4パック

しめじ … 1/4パック

なめこ … 1/2パック

大根おろし … 100g

しょうゆ … 小さじ2

作り方

1 なめこ以外のきのこは石づき
を取ってほぐし、しいたけは
薄切り、えのきは半分の長さ
に切る。

2 全てのきのこを2分ほど茹で
てザルに上げ、水気を切る。

3 大根おろしときのこを和え、し
ょうゆをかけていただく。

豆腐のきのこ
あんかけ

豆腐は水切りして、
フライパンでこんがりと。
きのこ入りのなめらかな
あんで包み込みます。

材料(2人分)

お好みのきのこ3～4種類
　　　… 150g

(えのき・しめじ・しいたけ・エリンギなど)

絹ごし豆腐 … 1丁

塩 … 少々

片栗粉 … 大さじ2

油 … 大さじ1

A｜だし … 1/2カップ
　｜しょうゆ … 大さじ2
　｜みりん … 大さじ2
　｜酒 … 大さじ1
　｜砂糖 … 小さじ1

しょうが(すりおろし) … 少々

【水溶き片栗粉】
　｜水 … 大さじ1
　｜片栗粉 … 大さじ1/2

青ねぎ … 少々

作り方

1 豆腐は、倍の重さの重しを
して1時間水切りし、4等分
する。きのこは石づきを取り、
食べやすい大きさにする。

2 鍋に半量の油を熱し、きの
こを強火でさっと炒め、Aを
加えて5～6分中火で煮る。
弱火にして水溶き片栗粉を
回し入れ、ひと煮立ちさせ、
とろみを付ける。

3 豆腐に塩をふり、片栗粉を
まんべんなくまぶす。フライ
パンに残りの油を熱し、両
面をこんがりと焼く。

4 皿に豆腐を盛り2をかけて、
小口切りにした青ねぎを散
らす。

きのこの袋煮

これぞお袋の味。愛情いっぱい、きのこもいっぱい詰め込んで、食べごたえのあるおかずに。

材料（2人分）

油揚げ … 1枚
卵 … 2個
えのき … 1/8袋
しいたけ … 1枚
しめじ … 1/8袋
A｜水 … 1カップ
　｜しょうゆ
　｜　… 大さじ1と1/2
　｜みりん
　｜　… 大さじ1と1/2

作り方

1　油揚げはまな板の上で、ゴロゴロと1本のさい箸をころがし、半分に切って中を開き、ザルに入れ、たっぷりの熱湯を回しかけて油抜きをする。

2　きのこ類は石づきを取ってほぐす。えのきは半分に切り、しいたけは細切りにする。

3　油揚げの中に2の1/2量と卵をそっと入れ(a)、口を楊枝で留める(b)。
＊卵は小さな器に割り入れておくと、油揚げの中に入れやすい。

4　小鍋にAを入れてひと煮立ちさせ、3を並べ入れる。落とし蓋をして10分ほど弱火で煮含める。

れんこん

れんこんは、生命力が強く種子の数が多いことから、民族の繁栄と生命力を生み出す象徴とされています。日本では、穴があいているので見通しが利くということにちなみ、祝い料理の縁起野菜。胃腸の働きを助け保護する効果も。白く仕上げたい時は酢水にさらし色止めを。

【選び方】ふっくらとハリがあり節のしまったもの。できれば泥付きのままで漂白されていないものを選ぶ。

【保存方法】新聞紙で包み冷暗所で保存。カットしたものはキッチンペーパーで包みポリ袋に入れ冷蔵庫へ。

れんこんといんげんと豚肉の黒酢炒め

まろやかな黒酢を使ってコクのある炒め物に。歯ごたえのよい満足感のある主菜になります。

材料(2人分)

れんこん … 150g	酒 … 大さじ2
いんげん … 10本	砂糖 … 小さじ2
豚肉(こま切れ肉) … 160g	しょうゆ
にんにく、しょうが(みじん切り)	… 大さじ1と1/2
… 各少々	黒酢 … 大さじ1
油 … 小さじ2	ゴマ油 … 小さじ1

作り方

1 れんこんはひと口大の乱切りに、いんげんはヘタを切り、3等分に切る。

2 フライパンに、油、にんにく、しょうがを入れて弱火で炒め、香りが出てきたら豚肉を入れて中火で炒める。

3 肉の色が変わってきたら、新れんこん、いんげんを入れて酒を加え、蓋をして弱火で3分蒸し焼きにする。

4 新れんこんが透明になるくらいまで炒まったら、砂糖、しょうゆ、黒酢の順に加え、強火で汁気を飛ばすように炒め、最後にゴマ油を回しかける。

れんこん入り
つくね

れんこんのシャキシャキ感がおいしい。かめばかむほど味わいも深くなります。

材料(2人分)

れんこん … 50g

鶏ひき肉 … 200g

塩 … 小さじ2/3

A | 溶き卵 … 1個分
　 | 味噌 … 小さじ1
　 | 長ねぎ … 5cm分
　 | 片栗粉 … 小さじ1

油 … 小さじ2

練り辛子、辛子じょうゆ、
　ポン酢 … お好みで

(ポン酢の作り方はP50参照)

作り方

1 れんこんは薄いいちょう切り、長ねぎは粗いみじん切りにする。

2 ボウルにひき肉と塩を入れて、粘り気が出るまで練る。Aの材料を順に加えてさらによく練り混ぜる。最後にれんこんを加え、崩れないようやさしく混ぜ、6等分して平らな円形に形を整える。

3 フライパンに油を熱し、2を並べ中火で焼く。焼き色がついたら裏返し、蓋をして弱火で5分ほど焼く。

4 お好みで、練り辛子、辛子じょうゆ、ポン酢などをつけていただく。

ぎんなん

生のぎんなんが味わえるのは秋だけ。鎮咳、去痰作用と、尿量を抑制する作用があり、古くより民間療法の咳止めとして使われてきました。食べすぎると消化不良を起こすので一日に5〜6粒までに。

【選び方】殻の表面がなめらかで白いもの。粒の大きいものが良品。

【保存方法】ポリ袋に入れて冷蔵保存。中身を塩茹でしたものは冷凍保存可。

塩煎りぎんなん

素材の味が活きるうす塩味でお酒のおつまみに。一粒ずつ手でむく作業は、思わず夢中になります。

材料（作りやすい分量）

ぎんなん … 25個くらい
粗塩 … 30〜40g

作り方

1 ぎんなんはペンチなどで挟み殻を少し割る(a)。

2 フライパンに粗塩とぎんなんを入れて乾煎りする。殻が茶色く色づいて香りが立ってきたら火を止める(b)。

3 器にぎんなんと炒った塩を一緒に盛り付ける。

a

b

茶碗蒸し

食卓がちょっと上品になる茶碗蒸し。旬の具材を入れて季節を演出しましょう。

材料(器3〜4個分)

卵(Mサイズ) … 2個

鶏もも肉 … 40g

ぎんなん … 4個

しいたけ … 1枚

三つ葉 … 2本

酒 … 少々

A｜かつおだし
　　… 360ml
　　みりん … 小さじ2
　　塩 … 小さじ2/3

薄皮ごと水から茹でる。しばらくすると自然に薄皮がむけてくる。

作り方

1 皮を割って取り出したぎんなんを薄皮ごと水から茹でる。お玉でぎんなんを鍋底に押しつけるように転がすと、薄皮がむけてくる。(a)

2 卵は溶きほぐし、Aと合わせてザルなどでこす。

　*卵とだしの量は、卵1：だし3の割合。卵のサイズによって調節しましょう。

3 鶏肉はひと口大のそぎ切りにし、酒をもみ込んでおく。しいたけは石づきを取り、薄切りにする。三つ葉は3cm長さのざく切りにする。

4 耐熱の器に鶏肉、しいたけ、ぎんなんを入れ、2の卵液を注ぐ。蒸気が上がった蒸し器に入れ、蓋を少しずらして中火で5分、弱火で10分ほど蒸す。

5 竹串を刺して透明な汁が出たら、三つ葉を散らしてでき上がり。

新米

新米は収穫された翌年の10月31日までの米。米にはたんぱく質、炭水化物および脂質の三大栄養素がバランスよく豊富に含まれています。ご飯を中心に野菜や魚、大豆などをバランスよく組み合わせた和食は日本人の食事の基本です。

【選び方】籾殻を除いた玄米、糠を残した分つき米、糠も胚芽も除いた白米など、好みや体調に合わせて選ぶ。

【保存方法】湿気の少ない冷暗所で長期保存が可能だが、精米後は劣化が進むのでなるべく早く食べ切る。

3種の焼きおむすび

お弁当にも夜食にも大活躍のおむすび。ひと手間かけた焼きおむすびはいかが。

材料(2人分)

ご飯 … 茶碗2杯分
味噌、しょうゆ、
　黒ゴマ …各適量

作り方

1　手のひらを水で充分に濡らし(a)、お茶碗1杯分のご飯をのせ、圧力をかけずふんわり握る(b)。何回か角度を変えながらやさしく握り、形を整える(c)。

2　味噌、しょうゆ、黒ゴマをおむすびの両面につけ(d)、熱した焼き網におむすびをのせ、弱火で両面をこんがりと焼く(e)。

a

b

c

d

e

栗

栗にはミネラルやビタミンが多く含まれているため、戦国時代には、武将が武士に乾燥した栗を保存食として携行させた、という話も。東洋医学では、栗は腸を温め強くし、精力を養い、足腰を強靱にし、血液循環をよくするとされています。

【選び方】表面がつややかでハリがあり、ふっくらと丸みを帯びたもの。

【保存方法】常温では虫がつきやすいので、冷蔵保存。皮をむいて冷凍保存も可能。いずれも早く使い切る。

栗ご飯

栗が新鮮なうちに手でむいて作る栗ご飯。おいしい理由は、旬の恵みと母ごころ。

材料（2合分）

米 … 1と1/2合（270㎖）

もち米 … 1/2合（90㎖）

水 … 2カップ

むき栗（正味）… 200g

酒 … 大さじ1

塩 … 小さじ1

昆布 … 2cm

作り方

1 米はといでザルに上げ、水を切る。

2 鍋に全ての材料を入れ、30分〜1時間浸水させ、強火にかける。沸騰したら弱火にして13分炊く（または炊飯器で普通に炊く）。

3 炊き上がったら10分蒸らし、全体をさっくり混ぜ合わせる。

栗のむき方

1 栗は洗って、水またはお湯に1時間ほどつけておく（a）。

2 つやのないお尻の部分の半分くらいを包丁で落とし、鬼皮（外皮）を栗の上側に向かって引っ張るようにして全てむく（b）。
＊鬼皮と渋皮を一緒にむいてもよい。

3 渋皮を栗の下部から包丁でむく。むいた栗はすぐに水につけて変色を防ぐ。

a

b

お彼岸のおはぎ

秋のお彼岸に欠かせないおはぎ。邪気を払うとされた旬の赤い小豆と、昔は高価だった砂糖を使い、ご先祖様へ日頃の感謝を込めて特別にお供えしたのが始まりです。家族揃ってみんなでいただきたいですね。

材料（10個分）

【粒あん】

| 小豆 … 150g
| 水 … 3カップ
| 砂糖 … 130g
| 塩 … ひとつまみ

【もち】

| もち米
| 　… 1.5合(270㎖)
| 水 … 230㎖
| 塩 … 少々

おはぎ

ゆっくり時間をかけてコトコト煮た粒あんは、やさしい甘みでしっとり仕上がります。

作り方

1　粒あんを作る。小豆はさっと洗って水気を切り、鍋に入れ、たっぷりの水（分量外）を加えて火にかける。沸騰したら1〜2分ほど茹でて、ザルに上げる（茹でこぼす）。新しい水でもう一度、同様に茹でこぼす。

2　厚手の鍋に1と水を入れ、蓋をして火にかける⒜。沸騰したら弱火にして、手で潰せるくらいの柔らかさになるまで40〜50分煮る⒝。
　＊小豆が水面から出ないよう、水が少なければその都度足す。

3　小豆が柔らかくなったら砂糖の半量を加え⒞、さらに5分ほど煮て、残りの砂糖を加え、仕上げに塩を加える。水分が多いようなら、火を少し強めて木べらで鍋底から大きく混ぜながら煮詰める⒟。粗熱を取り、10等分する。
　＊あんは冷めると固くなるので、少し柔らかいくらいでちょうどよい。

4　もち米を炊く。米はといでザルに上げ、水を切る。米、水、塩を合わせて炊飯器または鍋に入れ、1時間以上浸水して、普通に炊飯する。

5　炊き上がったらすり鉢に移し、すりこ木で粒が半分残る程度に潰す⒠、10等分して俵形にしておく⒡。

6　ラップに3のあんを丸く薄く広げて、5を真ん中にのせ、あんで包む⒢。

冬

冬の旬野菜

		大根、春菊						
						ごぼう		
		長ねぎ						
		白菜、水菜						
	ほうれん草(12,1月)、小松菜(12,1.2月)							かぼちゃ
	ブロッコリー、カリフラワー							
	かぶ					かぶ		
5月	4月	3月	2月	1月	12月	11月	10月	9月

冬の献立とおかず

寒さも本格化。寒さから身を守るため糖度の高くなった冬野菜を、からだの温まる調理法で。

寒さから身を守るため、糖度を上げるから冬野菜は甘くなる

冬の野菜は過酷な寒さから身を守るため、糖度が高くなります。一度霜で凍ってしまっても、お日様に当たるといつの間にかぴんっと生き返る、そんな強い生命力があります。冬野菜は、霜が降りるぐらい寒くなってからのほうが甘くおいしくなります。

春キャベツと比べ、冬のキャベツは巻きがきつく、ずっしり重いのが特徴。寒さを生き抜くたくましさが、その形にあらわれているようです。冬に収穫される貴重な野菜を少しでも長く食べるために編み出された知恵が「乾物」。代表的なものに切り干し大根があります。大根を天日に干して水分を抜いて保存食に加工したもので、天日干し

することで栄養価も高くなります。寒い時期の野菜の少ない地域や、端境期にはとても重宝されてきました。

また、秋に収穫されるさつまいもやじゃがいものビタミンCは、でんぷんに包まれていて熱でも壊れないので、冬まで貯蔵されて、この時期の貴重なビタミン源になります。

食材や調理法で、温かくおいしくいただきましょう

寒さがつのる冬には、しょうがなどを使ってお腹の中からからだを温めたり、片栗粉などでとろみを付けて、料理を冷めにくくしたりと、温かくいただく工夫をしましょう。豚肉や油揚げなどを汁物に入れると、表面に油膜ができ、冷めにくくなります。

さばの味噌煮献立

味噌味の主菜は、どんな副菜とも相性がよく、こってり味はご飯もすすみます。緑黄色野菜に根菜と、副菜もバランスを取って。主菜が味噌味なので汁物はしょうゆ味のかきたま汁を合わせて。

主菜	さばの味噌煮
副菜①	ほうれん草の海苔和え
副菜②	きんぴらごぼう→p269
漬け物	大根の浅漬け→p265
汁物	かきたまのお吸い物→p323

ほうれん草の
海苔和え

さばの味噌煮

きんぴらごぼう
→ p269

かきたまのお吸い物
→ p323

大根の浅漬け
→ p265

さばの味噌煮

さばの旬は10〜12月。一番脂がのっています。作りおきして温め直してもおいしくいただけますよ。

材料(2人分)

さば(切り身) … 2切
長ねぎ … 1/2本
A 水 … 1/2カップ
　 酒 … 50mℓ
　 砂糖 … 大さじ2
　 しょうゆ
　 　　… 小さじ2
　 しょうが(厚め薄切り)
　 　　… 1かけ分
味噌 … 大さじ2と1/2

作り方

1 さばは皮目に切り目を入れ、熱湯を回しかけて全体が白っぽくなったら冷水に取る。骨の間の血あいを洗い流し、水分をキッチンペーパーで拭き取る。長ねぎは3cm長さに切る。

2 フライパンにAを入れて中火にかけ、沸騰したら、さばを皮目を上にして入れる。

3 お玉で煮汁をさば全体に回しかけながら、ねぎも一緒に中火で5分ほど煮る。落とし蓋をして弱火で3分煮る。

4 3の煮汁をボウルに入れて味噌を溶き、フライパンに戻しさらに弱火で3分ほど煮る。

ほうれん草の海苔和え

「海の野菜」と呼ばれる「海苔」も冬が旬。「新海苔」を旬のほうれん草に和えていただきます。

材料(2人分)
ほうれん草 … 1/2束
海苔 … 1/2枚
しょうゆ … 適量

作り方
1 ほうれん草はさっと茹で、冷水に取り、色止めをする。水気を絞り、ひと口大に切る。
2 ボウルにほうれん草と海苔を手でちぎって入れ、しょうゆを加えて全体を混ぜ合わせる。

豚しゃぶ献立

寒い日の夕食は、温かくて手軽にできる豚しゃぶ
をどうぞ。旬の栄養とおいしさが詰まったブロッコ
リーやカリフラワーを、手作りマヨネーズでいただ
けば、ごちそう気分で身も心も温かくなりますよ。

主菜	豚しゃぶ、ごまだれ
副菜①	かぼちゃの煮物→p285
副菜②	ブロッコリー・カリフラワーの 手作りマヨネーズ添え→p290
漬け物	かぶの浅漬け
汁物	ほうれん草と豆腐の味噌汁 →p324

豚しゃぶ、ごまだれ

ブロッコリー・カリフラワーの
手作りマヨネーズ添え
→ p290

かぼちゃの煮物
→ p285

かぶの浅漬け

ほうれん草と
豆腐の味噌汁
→ p324

豚しゃぶ、ごまだれ

昆布のだしにくぐらせて余分な脂を落とすので、脂のとりすぎが気になる人にもおすすめ。

材料(2人分)

豚肉(しゃぶしゃぶ用) … 160g

水菜 … 1束

昆布 … 4〜5cm分

【ゴマだれ】

　白炒りゴマ … 大さじ2

　味噌 … 大さじ2

　砂糖 … 小さじ2

　水 … 大さじ3

作り方

1 土鍋に8分目の水(分量外)と昆布を入れ、30分以上おき、そのまま中火にかける。

2 沸騰直前に昆布を引き上げ、豚肉、水菜を適宜入れ、時々アクを取る。

　*豚肉は1枚ずつ箸でつまんで、だしの中で泳がせ引き上げる。

3 火が通ったら器に取り、ゴマだれを付けていただく。

ゴマだれの作り方

1 すり鉢にゴマを入れ、形がなくなるくらいまですったら、味噌、砂糖の順に加え、その都度よくすり合わせる。

2 水を少しずつ加えてのばし、よく混ぜる。

かぶの浅漬け

冬のかぶは甘みが倍増。味付けは、塩昆布の旨み。簡単にできてちゃんとおいしい浅漬けです。

材料(2人分)

かぶ … 大1個

塩昆布 … 5g

作り方

1 かぶは、くし形に切る。

2 ビニール袋に入れ、塩昆布を加えてよくもみ、口を閉じて30分以上おく。

大根と鶏の炒め煮献立

風邪をひいたり、体調を崩したりしやすい冬は、胃腸にやさしい素材選びと調理法で消化しやすい献立を組み立てましょう。愛情の行き届いた食事が、明日の元気を応援します。

主菜	大根と鶏の炒め煮
副菜①	かぶのにんにく炒め
副菜②	小松菜のゴマ和え→p283
漬け物	白菜の酢じょうゆ漬け→p278
汁物	麸と長ねぎの味噌汁→p324

小松菜のゴマ和え
→ p283

白菜の
酢じょうゆ漬け
→ p278

かぶの
にんにく炒め
→ p262

大根と
鶏の炒め煮
→ p260

麩と長ねぎの味噌汁
→ p324

259

大根と鶏の炒め煮

具材をはじめに炒めてから煮絡めるので、旨みと栄養を逃さず、味も染み込みます。

材料（2人分）

大根 … 1/3本（300g）

鶏もも肉
　… 1枚（250～300g）

酒 … 大さじ2

しょうゆ
　… 大さじ1と1/2

みりん
　… 大さじ1と1/2

油 … 大さじ1

作り方

1　大根は1.5cm厚さのいちょう切りにする。鶏肉は余分な脂を取り除き、ひと口大に切る。

2　鍋に油を熱し、鶏肉を入れ、中火で表面の色が変わるまで炒めたら、大根を加えて一度強火にして両面に焼き色がつくまで炒める。鶏の脂が多いようならキッチンペーパーで余分な脂を拭き取る。

3　火を弱めて酒を入れて蓋をして、3分ほど蒸し煮にする。大根に串が刺さるようになったら、しょうゆ、みりんを入れて煮絡める。

かぶの にんにく炒め

旬のかぶは甘いから、にんにくと塩で炒めるだけでも充分においしい。

材料(2人分)

かぶ … 2個

かぶの葉 … 1個分

にんにく（みじん切り）

… 1/2かけ分

塩 … 小さじ1/2弱

油 … 大さじ1/2

作り方

1 かぶは8等分のくし形に切り、かぶの葉は小口切りにする。

2 フライパンに油をひき、にんにくを弱火で炒める。香りが出てきたら中火にして、かぶを入れて炒める。

3 かぶのふちが透明になるくらいまで炒まったら、かぶの葉を入れてさらによく炒め、塩で味を付ける。

大根

おろしてよし、煮てよし、漬けてもよしと、大根ほど古くから日本人になじみ深い野菜は少ないでしょう。根の部分には、食物の消化促進効果や、焼き魚の焦げた部分に含まれる発ガン性物質の解消や解毒作用もあり、付け合わせの大根おろしは、まさに理にかなった食べ方といえます。

【選び方】皮がなめらかでハリがあり、ずしりと重いもの。葉付きの場合は、葉が放射状に伸びているものを。

【保存方法】葉と根に切り分ける。それぞれ新聞紙に包み霧吹きで湿らせ、冷暗所で保存。

●大根と鶏の炒め煮 → p260
●紅白なます → p308

大根の浅漬け

初冬から出回るゆず。旬の香りが冬の到来を感じさせる、さっぱりとした漬け物です。

材料（2人分）

大根 … 3cm分(100g)
塩 … 2g
ゆずの皮 … 少々

作り方

1 大根は、薄いいちょう切りにする。

2 ビニール袋に1と塩を加え軽くもむように混ぜ、空気を抜いて口を縛り、1時間以上おく。

3 せん切りにしたゆずの皮を加える。

大根葉の じゃこ炒め

大根は葉付きのものが手に入ったら、葉の部分もささっと炒めて、漬け物代わりに。

材料(作りやすい分量)

大根の葉 … 100g
ちりめんじゃこ
　　… 大さじ1
しょうゆ
　　… 大さじ1/2
かつお節 … 2g
油 … 大さじ1/2

作り方

1　大根の葉は、小口切りにする。

2　フライパンに油を熱し、中火で大根の葉を炒める。しんなりしたら、じゃこを加え、さらに炒める。

3　しょうゆを加えて水気を飛ばし、かつお節を混ぜ、火を止める。

ごぼう

ごぼうに含まれる食物繊維は、腸を刺激してぜん動運動を活発化させ便通をよくするほか、大腸ガンの予防効果があるといわれています。利尿効果やむくみの解消、吹き出物、肌荒れに悩んでいる人は、お肌のトラブルの解消も期待できます。

【選び方】太めで重く、切り口にすの入っていないもの。泥付きのほうが風味がよく、長持ちする。

【保存方法】新聞紙に包み常温で保存する。洗ったものはキッチンペーパーで包みポリ袋に入れて冷蔵庫へ。

●お煮しめ → p304

きんぴらごぼう

食物繊維たっぷりで、シャキシャキの食感。
からだにもいいごぼうは、定番のきんぴらで。

材料（2人分）

ごぼう … 1/2本（120g）

赤唐辛子（小口切り）… 少々

A｜しょうゆ … 小さじ2
　｜みりん … 小さじ2

油 … 大さじ1/2

白炒りゴマ … 小さじ1

作り方

1　ごぼうはよく洗い、せん切りにする。Aは合わせておく。

2　フライパンに油と赤唐辛子を熱し、ごぼうを入れて土臭さがなくなるまで中火でよく炒める。

3　Aを加え、汁気を飛ばすように炒める。仕上げにゴマをふる。

長ねぎ

昔から風邪をひいた時には焼いたねぎをのどに当てたり、食べると
いいといわれています。これは、ねぎ独特の刺激臭や辛みの成分に、
強力な殺菌作用と鎮静効果があるから。非常に揮発性が高いので、
のどに当てるだけでも効くというわけです。

【選び方】緑の部分が肉厚で、全体に巻きのしっかりしたもの。

【保存方法】新聞紙に包んで冷暗所で保存。泥付きのほうが持ちがよい。カットしたものはポリ袋に入れ冷蔵庫へ。

長ねぎのマリネ

長ねぎを柔らかくて食べやすいマリネに。
ゆずも香って、ちょっと上品な副菜に。

材料（2人分）

長ねぎ … 2本

【マリネ液】

　油 … 大さじ2

　酢 … 小さじ2

　ゆずの搾り汁
　　… 小さじ2

　砂糖 … 小さじ1

　塩 … 小さじ1/4

　ゆずの皮 … 少々

作り方

1　マリネ液の材料を混ぜ合わせ
　ておく。

2　長ねぎは4cm長さに切り、5分
　ほど茹で、柔らかくなったらザ
　ルに上げ、水気を切る。

3　2をタッパーに入れ、マリネ液
　を加えて全体になじませ、1時
　間以上おく(a)。

a

271

長ねぎと豚肉の塩炒め

長ねぎの香味が豚肉となじんで相性抜群。手早く作れて満足、ボリュームもあって満腹の主菜。

材料(2人分)

豚スライス肉 … 160g
長ねぎ … 2本
油 … 大さじ1
塩 … 小さじ1/2
ゴマ油 … 小さじ1/2

作り方

1 豚肉は5cm幅に切る。長ねぎは3cm長さに切る。

2 フライパンに油を熱し、長ねぎと豚肉を入れ、焦げ目がつく程度に強火で炒める。

3 肉に火が通ったら、塩とゴマ油を加えて火を止める。

白菜

白菜が最もおいしい季節は霜が降りる頃の晩秋から冬にかけて。ちょうど鍋料理が食べたくなる季節ですね。この時期の白菜は寒さから身を守るためにギュッと結球し、葉が凍ってしまわないようにと甘みを蓄えるため、より一層甘くておいしいのです。

【選び方】葉が隙間なく詰まり、ずしりと重いもの。断面が盛り上がったものは避ける。

【保存方法】丸ごと新聞紙で包み、屋外におくと長持ちする。半割のものは根元に縦に包丁を入れると鮮度が保たれる。

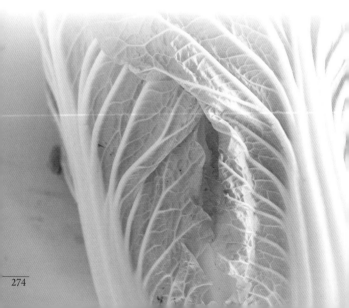

白菜と肉団子のスープ

手作りの肉団子と
白菜を煮たスープは、
しょうがととろみで
お腹の中から温めます。

材料(2人分)

白菜 … 100g

春雨 … 20g

【肉団子】

　豚ひき肉 … 120g

　干ししいたけ … 1枚

　長ねぎ … 5cm分

　しょうが … 1/2かけ

　塩 … 少々

　酒 … 小さじ1

　片栗粉 … 大さじ1/2

A　だし … 3カップ

　干ししいたけの戻し汁
　　　… 1/2カップ

　しょうゆ … 大さじ2

　酒 … 大さじ1/2

　みりん … 大さじ1/2

　しょうがの絞り汁
　　　… 小さじ1

ゴマ油 … 少々

作り方

1　干ししいたけは水3/4カップ(分量外)に2時間ほど浸して完全に戻し、軽く絞ってみじん切りにする(戻し汁は煮汁に使う)。長ねぎはみじん切り、しょうがはすりおろす。

2　白菜はざく切りにする。春雨は3分ほど茹でて、水にさらしザルに上げる。

3　肉団子を作る。ボウルにひき肉を入れ、塩、酒を加えてよく練り、1の野菜と片栗粉を加えよく混ぜて、ひと口大の団子にする。

4　鍋にAを入れ、ひと煮立ちしたら、肉団子と白菜を加えて中火で7分ほど煮る。

5　肉団子に火が通ってきたら、春雨を加えてさらに10分ほど煮る。塩少々(分量外)で味を調え、仕上げにゴマ油を加える。

八宝菜

基本調味料でできる八宝菜。名前の通り、旬の野菜をたくさん入れて、豪快に炒めて。

材料(2人分)

豚こま切れ肉 … 100g
しょうゆ … 小さじ1
片栗粉 … 大さじ1
むきえび … 100g
白菜 … 1/8玉
長ねぎ … 1/2本
にんじん … 1/6本
しいたけ … 2枚
ブロッコリー … 40g
しょうが(みじん切り) … 1/2かけ分
にんにく(みじん切り) … 少々
酒 … 大さじ2
塩 … 小さじ1/2
ゴマ油 … 小さじ1
油 … 大さじ1
【水溶き片栗粉】
  水 … 大さじ2
  片栗粉 … 大さじ1

作り方

1 豚肉はしょうゆと片栗粉をもみ込んでおく。えびは流水で洗い、背ワタを取る。白菜は芯と葉に分け、ひと口大に切る。長ねぎは1cm厚さの斜め切り、にんじんは半月切り、しいたけは石づきを取り、半分のそぎ切りにする。ブロッコリーは小房に分けて、下茹でする。

2 フライパンに油をひき、にんにく、しょうがを入れて弱火で炒める。香りが出てきたら、豚肉を入れ中火で炒める。

3 肉の色が変わったら、ブロッコリー以外の野菜とえびを入れて全体に油が回るよう炒める。全てに火が通ったらブロッコリーを入れて酒をふり入れ塩で味を付ける。

4 水溶き片栗粉を加えてとろみを付け、仕上げにゴマ油をたらして香り付けする。

白菜の酢じょうゆ漬け

使い切れない白菜は、酢じょうゆに漬けて漬け物に。おいしくて保存もきいて一石二鳥。

材料(作りやすい分量)

白菜 … 300g
塩 … 小さじ1/2
A | 酢 … 大さじ2
  | しょうゆ
  | … 大さじ2
  | しょうが(せん切り)
  | … 1かけ分

作り方

1 白菜の芯は、4〜5cm長さに切り、繊維にそって2cm幅に切る。葉はざく切りにする。

2 ボウルに1を入れ、塩を加えてざっくり混ぜ、白菜の倍くらいの重しをのせて20分ほどおき、水気を絞る。

3 ビニール袋に2とAを入れてよくもみ、空気を抜くようにして口を閉じ、冷蔵庫に1時間以上おく。

ほうれん草と小松菜

冬に一番栄養価も味もよくなるほうれん草。葉には、免疫力を高める働きが、根の赤い部分には、骨の形成に役立つ働きがあります。小松菜はアクが少なく生で食べることができるので、ビタミンCなどの栄養素をほうれん草より多く摂ることができます。

【選び方】(ほうれん草)葉先までみずみずしくハリがあるもの。根元は太く、赤いほうが甘い。
(小松菜)葉が濃い緑色で肉厚、茎は短くて厚みとハリのあるものを選ぶ。

【保存方法】濡らした新聞紙に包みポリ袋に入れて冷蔵保存。固めに茹でて小分けにして、ラップで包んで冷凍も可能。

●ほうれん草の海苔和え → p250

ほうれん草とベーコン炒め

ベーコンの塩味と肉の旨みでおいしさアップ。
オムレツやハンバーグなどの付け合わせにも。

材料(2人分)

ほうれん草 … 1束
ベーコン … 2枚
油 … 小さじ1
バター … 小さじ1
塩、こしょう … 少々

作り方

1 ほうれん草はさっと茹で、冷水に取り、色止めする。水気を絞り4cm長さに切る。ベーコンは1cm幅に切る。

2 フライパンに油を熱し、ベーコンを入れ中火で炒める。脂が出てきたら、ほうれん草を加えて炒める。

3 仕上げにバターを加えて溶かし、全体を混ぜ、塩、こしょうで味を調える。

小松菜と油揚げの煮びたし

煮びたしは、火を止めた後に
ゆっくり味がなじんで、さらにおいしくなります。

材料（2人分）

小松菜 … 1/2束
油揚げ … 1/2枚
A｜だし … 140mℓ
　｜しょうゆ … 大さじ1
　｜みりん … 大さじ1

作り方

1　小松菜は3cm長さに切る。油揚げ
　　はザルに入れ、たっぷりの熱湯を回
　　しかけて油抜きをし、短冊切りにす
　　る。

2　小鍋にAを入れ、中火にかける。煮
　　立ったら小松菜の茎と油揚げを入
　　れて2〜3分煮る。

3　茎に火が通ってきたら、葉を加え、
　　蓋をしてさらに1〜2分煮る。

小松菜のゴマ和え

せっかくの旬の素材だから、ゴマも丁寧にすってみましょう。香りのよさが違いますよ。

材料（2人分）

小松菜 … 1/3株
白炒りゴマ … 大さじ2
砂糖 … 小さじ1
しょうゆ … 小さじ1

作り方

1 小松菜はさっと茹でて冷水に取り、色止めする。水気を絞り、3〜4cm長さに切る。

2 すり鉢で、ゴマが粉状になり、ゴマから出た油でしっとりしてくるまで、すり潰す。

3 砂糖としょうゆを加え、混ぜ合わせたら1を入れ、和える。

かぼちゃ

冬至にかぼちゃを食べるのには、風邪を引かないとか金運を祈願する意味があります。緑黄色野菜の少ない冬に、保存がきいてカロチンやビタミンの多く含まれるかぼちゃを食べ、抵抗力をつけようとした先人の素晴らしい知恵ですね。

【選び方】軸が真ん中にあり、コルクのように枯れている。ずしりと重く、肉厚なものを選ぶ。

【保存方法】カットしたものは種の部分を取りラップに包み冷蔵保存。丸のままなら冷暗所で数カ月持つ。

かぼちゃの煮物

かぼちゃは煮る前に、
調味料をなじませて。
こっくりとおいしさが引き
出された仕上がりに。

材料(2人分)

かぼちゃ … 1/4個
砂糖 … 大さじ2
塩 … ひとつまみ
水 … 3/4カップ
しょうゆ … 小さじ1/2

作り方

1 かぼちゃは食べやすい大きさに
切る(a、b)。小鍋に入れ、砂糖の
半量と塩をふり、混ぜ合わせて
全体をなじませ、10分おく。

2 1に水を入れて強火にかけ、か
ぼちゃを煮る。沸騰したら弱火に
して、竹串がすっと通るくらいに
なったら、残りの砂糖を加え、砂
糖が溶けたらしょうゆを入れる。

3 煮汁がほぼなくなるまで、さらに
10分ほど弱火で煮る。

断面を下にして安定させて切る
と危なくない。

半分に切った後、中の種を取り
除き、さらに1/4に切る。

かぼちゃのそぼろあんかけ

かぼちゃをホクホクに蒸して、そぼろあんをとろーりたっぷりかけていただきましょう。

材料(2人分)

かぼちゃ … 1/4個

豚ひき肉 … 100g

玉ねぎ … 1/4個

水 … 1カップ

しょうゆ … 大さじ1と1/2

砂糖 … 小さじ2

油 … 小さじ1

【水溶き片栗粉】

水 … 大さじ2

片栗粉 … 大さじ1

作り方

1 かぼちゃはひと口大に切る(a、b)。玉ねぎはみじん切りにする。

2 小鍋に油を熱し、ひき肉を中火で脂が透明になるまで炒める。玉ねぎを加え、玉ねぎが透明になってきたら、水を加える。

3 沸騰したらアクを取り、しょうゆと砂糖を入れる。最後に水溶き片栗粉を加えてとろみを付ける。

4 蒸気が上がった蒸し器にかぼちゃを入れて、竹串がすっと通るまで蒸す。

5 皿にかぼちゃを盛り、3をかける。

ブロッコリーと
カリフラワー

ブロッコリーは、ヨーロッパのイタリアが原産の野菜で、カリフラワーとともにキャベツを改良して作られた野菜。ともにシミ・ソバカス・動脈硬化・ガン・風邪などに有効な成分や、皮膚や粘膜の健康を保つ食物繊維、ファイトケミカルも豊富。

【選び方】
（ブロッコリー）花蕾がかたく締まってこんもりと丸いもの。茎に空洞がないものが良品。
（カリフラワー）花蕾がかたく締まってこんもりと丸いもの。斑点や変色のないものを選ぶ。

【保存方法】
（ブロッコリー）常温だとつぼみが開こうとして鮮度も栄養分も落ちる。新聞紙に包んで冷蔵庫で保存。
（カリフラワー）常温だと変色しやすいので新聞紙かラップに包んで冷蔵庫へ。早めに使い切る。

カリフラワーの味噌チーズ焼き

味噌とチーズ、マヨネーズをかけてグラタン風に。
カリフラワーのやさしい甘みを感じます。

材料（2人分）

カリフラワー … 140g

シュレッドチーズ … 50g

パン粉 … 小さじ2

A｜味噌 … 小さじ1と1/2
　｜マヨネーズ
　｜　… 大さじ2（p53参照）

作り方

1 カリフラワーはひと口大の小房に分けて、さっと下茹でする。

2 ボウルにAを混ぜ、カリフラワーを加えてざっと混ぜる。

3 耐熱皿に2を入れ、チーズ、パン粉をのせて、トースター（またはグリル）で焼き目がつくまで5〜7分焼く。

ブロッコリー・カリフラワーの手作りマヨネーズ添え

新鮮なブロッコリーが手に入ったら、さっと茹でて旬の味をシンプルにいただくのが一番贅沢な食べ方。

材料(2人分)
ブロッコリー … 1/4個
カリフラワー … 1/4個
手作りマヨネーズ
　　… 適量(p53参照)

作り方
1　ブロッコリーとカリフラワーはひと口大の小房に分けて茹で、ザルに上げて粗熱を取る。
2　皿に盛り、マヨネーズを添える。

春菊

鍋物などには欠かせない春菊。独特の香りは食欲をそそり、冬の食卓を豊かにします。発ガン予防や免疫力アップ、髪や目の健康維持のほか、粘膜や皮膚、喉や肺など呼吸器系統を守る働きがある成分を多く含んでいます。

【選び方】香りの強いみずみずしい葉が根元まで密生している。茎が細く短い方が柔らかい。

【保存方法】新聞紙かキッチンペーパーで包み霧吹きで湿らせて冷蔵保存。

春菊と油揚げのサラダ

春菊の香りを楽しむなら
サラダがおすすめ。
香ばしく焼いたカリカリの
油揚げと和えて。

材料（2人分）

春菊 … 1/2束

油揚げ … 1/2枚

長ねぎ（白い部分）

　… 5cm分

【ドレッシング】

　ゴマ油 … 大さじ1

　酢 … 大さじ1/2

　塩 … 小さじ1/4

作り方

1　春菊は水気をしっかり切り、葉を摘み取る(a)。茎の柔らかな部分は3cm長さに切る。長ねぎは細いせん切りにする。

2　油揚げは、フライパンに油をひかずに中火でカリッとするまで両面を焼き、短冊切りにする。

3　ボウルに1と2を入れ、混ぜ合わせたドレッシングを加えてふんわり混ぜる。

すき焼き

すき焼き、

すき焼きに欠かせない春菊。独特の香りとほろ苦さが肉や豆腐、ほかの具材の味を引き立てます。

材料(2人分)

牛肉(すき焼き用)
　　… 300g
焼き豆腐 … 1/2丁
しらたき … 1/2袋
しいたけ … 4枚
長ねぎ … 1本
春菊 … 1/2束
牛脂 … 適量
A｜しょうゆ
　　　… 大さじ4
　｜砂糖
　　　… 大さじ3
　｜みりん
　　　… 大さじ1
卵 … 2個

作り方

1　焼き豆腐は4等分に切る。しらたきは下茹でして食べやすい長さに切る。しいたけは石づきの先を落とし、縦半分に切る。長ねぎは1cm厚さの斜め切り、春菊は5cm長さに切る。

2　すき焼き鍋を中火で熱し牛脂を入れ、油が鍋全体に行き渡ったら取り出す。牛肉を入れ、両面が焦げないように焼く。Aを加え、肉に絡めるように混ぜ、一旦取り出す。

3　焼き豆腐としらたきを入れ、残っている煮汁で5分ほど煮る。しいたけを加えてさらに5分煮る。

4　牛肉を戻し入れ、ねぎを加える。ひと煮立ちしたら、最後に春菊を入れてすぐ火を止める。

5　小鉢に生卵を溶き入れ、取り分けていただく。

かぶ

生はもちろん、焼いたり、煮たり、漬けたり。調理法によって食感や
甘みの感じ方が変わります。葉の部分も栄養価が高いので、炒める
などして余すことなくいただきましょう。かぶには整腸効果があるの
で、暴飲暴食が過ぎたら、かぶの力を借りて胃腸を休めましょう。

【選び方】表面がつややかでふっくら
と肩にハリがあるもの。新鮮なものは
葉先までピンとみずみずしい。

【保存方法】葉と根に切り分け、それ
ぞれ新聞紙に包んで冷蔵保存する。

●かぶの浅漬け → **p256**

●かぶのにんにく炒め → **p262**

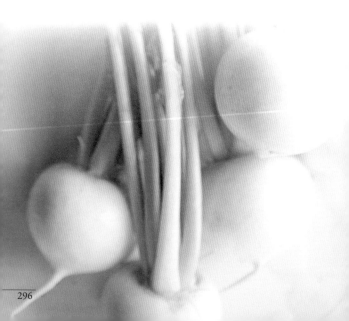

豚肉の竜田揚げと
かぶの素揚げ

素揚げにするとかぶの甘みが増します。
さくさくの竜田揚げと一緒にどうぞ。

材料(2人分)

豚肉(しょうが焼き用) … 160g

A | しょうゆ … 大さじ1
  | 酒 … 大さじ1
  | しょうが(すりおろし)
  | … 1かけ分

片栗粉 … 大さじ3

揚げ油 … 適量

かぶ … 2個

塩 … 少々

作り方

1 豚肉は食べやすい大きさに
切ってボウルに入れ、Aを加
えて混ぜ15分ほどおき、片栗
粉をまぶす。かぶはくし形に
切る。

2 170℃の油で肉を3〜4分揚
げる。かぶは素揚げにして塩
をふる。竜田揚げに添える。

水菜

水菜には、魚や肉の臭みを消す作用があります。水菜に含まれる辛み成分には、血栓を防ぐ作用があります。抗酸化性があり、コレステロールの酸化を防ぎ、動脈硬化も予防します。食物繊維も多いので、健康維持におすすめの野菜です。

【選び方】葉先までピンとまっすぐで、茎は太くみずみずしいものを。

【保存方法】新聞紙に包んで霧を吹き、ポリ袋に入れて冷蔵庫へ。

●豚しゃぶ、ごまだれ → p254

厚揚げステーキの水菜のせ

熱々でカリカリの厚揚げを玉ねぎだれで。
水菜もたっぷりのせていただきましょう。

材料(2人分)

厚揚げ … 1枚
水菜 … 2株
【玉ねぎだれ】
　しょうゆ
　　… 大さじ1と1/2
　酢 … 大さじ1
　油 … 大さじ1
　玉ねぎ(みじん切り) … 30g
　しょうが(すりおろし)
　　… 小さじ1/2

作り方

1　厚揚げはザルに入れ、熱湯を回しかけて油抜きする。水菜は3cm長さに切る。

2　フライパンに油(分量外)を熱し、厚揚げを中火で両面こんがり焼き、6等分に切る。

3　皿に盛り、水菜をのせる。

4　玉ねぎだれの材料を小鍋に合わせて、中火でひと煮立ちさせ、熱いうちに3にかける。

おせちとお雑煮

日本のお正月の行事食として欠かせない「おせち」。それぞれの料理には、縁起のよいいわれがあります。新しい一年のお祝いと感謝の気持ちを込めて、歳神様にお供えし、家族みんなでいただきましょう。

ぶりの照り焼き

ぶりは、成長するごとに名前の変わる出世魚。フライパンで焼くから手軽に作れる照り焼きで。

材料(2人分)

ぶり … 4切れ

小麦粉 … 適量

油 … 適宜

A　しょうゆ
　　　… 大さじ1と1/2
　　酒 … 大さじ1と1/2
　　みりん
　　　… 大さじ1と1/2
　　砂糖 … 小さじ1/2

作り方

1　ぶりは軽く塩(分量外)をふり、10分ほどおいて出てきた水分をキッチンペーパーで拭き取り、小麦粉を全体に薄くまぶす。Aは混ぜ合わせておく。

2　フライパンに油を熱し、中火でぶりを両面焼く。

3　余分な脂をキッチンペーパーで拭き取り、Aを入れて煮絡める。

お煮しめ

しっかり根を張るごぼう、見通しのよいれんこん、縁起のよい具材をたくさん入れてお煮しめに。

材料（2人分）

鶏もも肉
　　… 1枚（250〜300g）
にんじん … 1/2本
ごぼう … 1/2本
里いも … 8個
れんこん … 200g
こんにゃく … 1/2枚
早煮昆布 … 1本
干ししいたけ（どんこ）
　　… 4〜5個
干ししいたけ・
　昆布の戻し汁
　　… 2と1/2カップ
しょうゆ … 大さじ3
砂糖 … 大さじ1と1/2

作り方

1　干ししいたけと早煮昆布は3カップの水（分量外）に2時間ほど浸して完全に戻し、しいたけは石づきを取り、昆布は10cm長さに切り、結び昆布を作る（戻し汁は煮汁に使う）。

2　こんにゃくは5mm厚さに切り、真ん中に1cmの切り込みを入れ片端をその穴に通して、手綱結びにし（a,b）、下茹でする。

3　鶏肉は余分な脂を取り除き、ひと口大に切る。

4　野菜は皮をむき、にんじん、ごぼうは乱切り、里いもは大きければ半分に切り、れんこんは5mm厚さの半月切りにする。

5　鍋に油（分量外）を熱し、中火で鶏肉を炒める。肉に火が通って色が変わったら、にんじん、ごぼう、里いもを入れて全体に油が回るまで炒める。最後にれんこんを入れて、3分ほど炒める。

6　1の戻し汁を加え、こんにゃく、しいたけを入れて、一度煮立たせアクを取る。

7　しょうゆ、砂糖を加え、落とし蓋をして里いもが柔らかくなるまで弱火で10分ほど煮る。

8　結び昆布を入れて、中火で軽く煮る。火を止めて味をなじませる。

a

b

田舎風雑煮

もともとは正月に限らずお祝いの食事だった雑煮。冬の旬の根菜たっぷりの素朴な味が、母の味。

材料(2人分)

鶏もも肉 … 100g
大根 … 4cm
にんじん … 1/8本
ごぼう … 4cm
里いも … 1個
切り餅 … 4個
だし … 2と1/2カップ
酒 … 大さじ2
A | みりん … 大さじ1
　 | しょうゆ
　 | 　 … 大さじ1と1/2
　 | 塩 … 小さじ1/4
三つ葉 … 2本
なると … 2枚

作り方

1 鶏肉は1.5cm角に切る。大根、にんじん、ごぼうは短冊切りにする。ごぼうは水にさらしてアクを抜く。里いもは皮をむき、1cmの輪切りにする。

2 三つ葉は2～3cm長さに切る。

3 鍋に1とだし、酒を入れて中火にかけ、煮立ったらアクを取りながら弱火で10分煮て、Aを加え火を止める。

4 焼いた餅をお椀に入れ、3をよそい、三つ葉となるとを添える。

紅白なます

水引に見立てた紅白のおめでたいなます。ゆずが香るさっぱりとした味わいで食感よく。

材料（作りやすい分量）

大根 … 300g
れんこん … 50g
にんじん … 30g
塩 … 小さじ1
【甘酢】
| 米酢 … 1/2カップ
| 砂糖 … 大さじ2
ゆずの皮（せん切り）
　… 少々

作り方

1　小鍋に甘酢の材料を入れて中火にかけ、砂糖を煮溶かし冷ます。

2　れんこんは薄いいちょう切りにし、さっと茹でて冷水にさらし水気を切る。大根、にんじんは皮をむき、4cm長さに切ってから、せん切りにする。

3　2の大根とにんじんに塩をまぶし10分ほどおき、しんなりしたら水気をしっかり絞る。

4　甘酢と3とれんこんをよく混ぜ、器に盛り、ゆずの皮を散らす。

黒豆

まめに働いてまめに
暮らせますように。
じっくり煮込んで、
しっとり柔らかく。

材料（作りやすい分量）

黒豆 … 150g

A | 水 … 2と1/2カップ
砂糖 … 130g
しょうゆ … 小さじ2
重曹 … 小さじ1/4

作り方

1 黒豆は軽く洗い、ザルに上げ、水を切る。

2 厚手の鍋にAを入れて中火にかける。煮立ったら、黒豆を加え火を止める(a)。蓋をして一晩おく。

3 2を強火で煮立て、丁寧にアクを取り、黒豆がかぶるくらいまで水を足す。

4 落とし蓋と蓋をして、ごく弱火で3〜4時間ほど煮る。途中で黒豆が煮汁から出ないように水を足す。

5 黒豆が柔らかくなったら火を止め、鍋の中で冷ます(b)。

＊豆が煮汁にかぶるように保存容器に入れて冷蔵庫で保存する。

栗きんとん

黄色い色を金塊や金銀財宝になぞらえて。甘くてしっとりの栗きんとんは子どもも大好き。

材料（作りやすい分量）

さつまいも … 大1本(350g)
栗の甘露煮 … 5〜6粒
甘露煮の汁 … 適量

作り方

1 さつまいもは1cm幅の輪切りにして、水に10分ほどさらしアクを抜く。

2 蒸気が上がった蒸し器にさつまいもを入れて、柔らかくなるまで蒸す。

3 熱いうちに皮をむき、すり鉢でなめらかになるまですり潰す(a)。

4 甘露煮の汁を大さじ1ずつ混ぜ、お好みの甘さになったら、ひと口大に切った栗を混ぜる。

*ラップで茶巾絞りにしてもよい。

a

田づくり

いわしを肥料にした田んぼは豊作のことから、五穀豊穣を願って「田づくり」と呼ぶそうです。

材料（作りやすい分量）

ごまめ … 50g
しょうゆ … 大さじ2
みりん … 大さじ2
砂糖 … 大さじ1
白ゴマ … 少々

作り方

1 フライパンにごまめを入れ、5分ほど弱火で炒り、バットなどに取り出して冷ましておく。

*手でポキッと折れるくらいまで乾煎りする。

2 フライパンに調味料を全て入れ、中火にかけてとろみが出てきたら(a)、1のごまめを入れて弱火で全体に絡める(b)。

3 仕上げに白ゴマを散らして火を止める。

だて巻き

だて巻きで、彩りと華やかさ(伊達)を演出。甘さ控えめのだしをきかせてふんわりと。

材料(作りやすい分量)

卵 … 4個
はんぺん … 100g
砂糖 … 大さじ2
みりん … 大さじ1
酒 … 大さじ1
しょうゆ … 小さじ1/2

作り方

1 すり鉢にはんぺんを入れてすり潰す(a)。調味料、溶いた卵を順に少しずつ加え、なめらかになるまでする(b)。
*ハンドミキサーやフードプロセッサーを使って混ぜてもよい。

2 卵焼き用のフライパンを中火で熱し、油(分量外)をキッチンペーパーでまんべんなく塗り、1を一気に流し入れ一度大きくかき回す。

3 アルミホイルで蓋をして弱火で10〜12分ほど蒸し焼きにする(c)。底の面に焼き色がついたら、裏返して表面も軽く焼く。

4 巻きすを広げ、焼き色がついたほうが下になるよう置く。巻きやすいように2cm幅に浅く切り込みを入れる(d)。

5 手前からしっかりと巻き(e)、巻きすの両側をゴムで止めてそのまま冷ます。
*一度軽く巻いてから、巻き直すと巻きやすい。

だしの取り方

味噌汁や煮物に使うだし。
ここでは基本の2つのだしの取り方を紹介します。

煮干しだし

材料(2人分)
水 … 450mℓ
煮干し … 6g

かつお昆布だし

材料(2人分)
水 … 450mℓ
昆布 … 2cm
かつお節 … 3g
※昆布を使わず、かつお節だけの場合は5g

煮干しは頭とハラワタを取る。
*そのまま使ってもよい

頭とハラワタを取ったところ。
頭とハラワタはだしには使わない。

鍋に水と1を入れ、30分おく。
*時間の無い時は、すぐに火にかけてもよい

鍋を火にかけ、沸騰したらアクをすくい
取り、5分ほど煮だして煮干しを取り出す

鍋に湯と昆布を入れ、1時間以上おく。
*昆布を入れた水を冷蔵庫で保存した昆布水
を使っても良い

弱火にかけ沸騰直前に昆布を引き上
げる。

かつお節を入れ、火を止める。
*昆布は煮立たせるとだしが出ない。

数分おいて、こす。

汁物の
作り方

毎日の献立に登場
する汁物は、飽きが
こないよう味噌汁に
すまし汁、具材もいろ
いろ変えて工夫して。

p18 | 新じゃがと新玉ねぎの味噌汁

材料(2人分)

だし … 2カップ 新じゃがいも … 1個
味噌 … 大さじ1と1/2〜2 新玉ねぎ … 1/4個

1 じゃがいもはひと口大に切り、玉ねぎはくし形に切る。
2 1をだしで煮て柔らかくなるまで煮る。
3 火を止め、味噌を溶き入れる。

p24 | あさり汁

材料(2人分)

あさり … 150g 味噌 … 大さじ1と1/2〜2
水 … 2カップ あさつき … 少々

1 あさりは海水くらいの塩分(水の量の3%)のひたひたの水に浸し、冷暗所に15〜30分おき、砂抜きをする。貝同士をこすり合わせて洗う。
2 鍋に水とあさりを入れ、中火にかける。
3 アクを取りながら、沸騰したら火を止め、味噌を溶き入れる。
4 椀に盛り、小口切りにしたあさつきを散らす。

p30 | 新ごぼうと油揚げの味噌汁

材料(2人分)

だし … 2カップ 新ごぼう … 1/3本
味噌 … 大さじ1と1/2〜2 油揚げ … 1/2枚

1 ごぼうはよく洗って斜め薄切りにする。油揚げはザルに入れ、たっぷりの熱湯を回しかけ、油抜きをして、短冊に切る。
2 1をだしで煮てごぼうに火が通ったら火を止め、味噌を溶き入れる。

p106 | みょうがと卵の味噌汁

材料（2人分）

だし … 2カップ   みょうが … 2個
味噌 … 大さじ1と1/2   卵 … 1個

1　だしをひと煮立ちさせ味噌を溶き入れ、せん切りにしたみょうがを入れる。
2　溶いた卵を細く流し入れ、火を止める。

p112 | なすの味噌汁

材料（2人分）

だし … 2カップ   なす … 1/2本
味噌 … 大さじ1と1/2

1　なすは半月切りにする。
2　だしを温め、なすを加えてさっと煮る。
3　火を止め、味噌を溶き入れる。

p178 | チンゲン菜と油揚げの味噌汁

材料（2人分）

だし … 2カップ   チンゲン菜 … 1株
味噌 … 大さじ1と1/2   油揚げ … 1/2枚

1　チンゲン菜は3cm長さに切り、油揚げはザルに入れ、たっぷりの熱湯を回し
　　かけ、油抜きをして、短冊に切る。
2　だしを温め、1を加えてさっと煮る。
3　火を止め、味噌を溶き入れる。

p184 じゃがいもとわかめの味噌汁

材料(2人分)

だし … 2カップ　　　　　じゃがいも … 1個

味噌 … 大さじ1と1/2～2　　生わかめ … 20g

1　じゃがいもはひと口大に切り、わかめはざく切りにする。
2　じゃがいもをだしで煮て、柔らかくなったら、わかめを加えてひと煮立ちさせる。
3　火を止め、味噌を溶き入れる。

p190 とろろ昆布のお吸い物

材料(2人分)

だし … 2カップ　　　　　とろろ昆布 … 2g

みりん … 小さじ1　　　　すだち (薄い輪切り)

塩 … 小さじ2/3　　　　　 … 1/2個分

しょうゆ … 小さじ1/2

1　だしを温め、調味料を入れて味を調える。
2　お椀に1を入れ、とろろ昆布とすだちを入れる。

p246 かきたまのお吸い物

材料(2人分)

だし … 2カップ　　　　　塩 … 小さじ1/2

しょうゆ … 大さじ1　　　卵 … 1個

みりん … 大さじ1　　　　三つ葉 … 少々

1　だしを温め、塩、みりん、しょうゆで味を調える。
2　ひと煮立ちさせ、溶いた卵を細く流し入れ、火を止める。
3　椀によそい、三つ葉を添える。

p252 | ほうれん草と豆腐の味噌汁

材料 (2人分)

だし … 2カップ　　　　ほうれん草 … 1株
味噌 … 大さじ1と1/2　　豆腐 … 1/4丁

1　ほうれん草はさっと茹でて冷水に取り、水気を絞り、3cm長さに切る。豆腐は
　　1.5cm角に切る。
2　豆腐をだしで煮て、ほうれん草を加えてひと煮立ちさせる。
3　火を止め、味噌を溶き入れる。

p258 | 麩と長ねぎの味噌汁

材料 (2人分)

だし … 2カップ　　　　麩 … 1個
味噌 … 大さじ1と1/2　　長ねぎ … 6cm分

1　麩は水に浸して戻し、ひと口大に切って水を絞る。長ねぎは小口切りにする。
2　だしを温め、麩と長ねぎを加えてさっと煮る。
3　火を止め、味噌を溶き入れる。

各地の母めし食堂

◆母めし食堂のうカフェ
埼玉県熊谷市下奈良391
048-577-4342
（株）のうカフェ

◆さぬき母めしカフェ
香川県高松市香南町岡1270-13
香南アグリーム2F
087-808-8280
真麦の里（株）

◆TOROtoキッチン＆
コワーキングスペース
埼玉県さいたま市北区土呂町2-12-20
コスモスクエア4階
コスモプラス（株）

大久保 久江 （おおくぼ・ひさえ）

母めし研究所所長。1954年、東京都生まれ。結婚し、3人の子供の育児が一段落してから勤めた物流会社で経営役員になる。関連会社の社員食堂を作ったことをきっかけに、「母めしで社会を元気に！」を理念に掲げ、2010年に㈱やまもりを創業。昔ながらの日本の家庭料理「母めし」が機能的にも情緒的にも高い価値があることに着目し、母めし社員食堂や母めしカフェなどの設立支援のコンサル事業を手掛ける。現在は、母めし研究所として活動を展開し、日本の気候風土が育てた素晴らしい食文化を、「今ここを生きる人たち」の暮らしの中にどのように溶け込ませていくか模索を重ねている。「母めし」で次世代の元気に貢献することを目指し、いまだ奮闘中。

［野菜の紹介文］ ## 則久 郁代

香川県三豊市在住。管理栄養士。さぬき食文化博士。食育指導師。日本食育協会認定講師。国際薬膳師。その他。病院管理栄養士として病院勤務の傍ら、2005年から食育に関する活動を開始する。2010年には食育ボランティアチーム「さぬきフレンズ」を設立し、代表を務める。「大地といのちの会」吉田俊道氏の活動に賛同し、広く講演や料理教室を行なう。農業に精通し、野菜の豊富な知識と抜群の料理の腕を持つ、たぐいまれな管理栄養士。現在、オフィスIKUYOとして菌ちゃん野菜作りや食育活動を行い、地域の元気に貢献している。

※本書は『母めし 季節の献立 一汁三菜』（2016年3月／小社刊）を再編集し、文庫化したものです。

[スタッフ]

写真	宮濱 祐美子
レシピ・調理	小林 まどか、こて やすこ、茶木 みどり
編集	小林 未央

マイナビ文庫

季節の献立 一汁三菜

2023年8月25日　初版第1刷発行

著　者	大久保 久江
発行者	角竹 輝紀
発行所	株式会社マイナビ出版
	〒101-0003 東京都千代田区一ツ橋2-6-3 一ツ橋ビル2F
	TEL 0480-38-6872(注文専用ダイヤル)
	TEL 03-3556-2731(販売) / TEL 03-3556-2735(編集)
	E-mail pc-books@mynavi.jp
	URL https://book.mynavi.jp

底本デザイン	髙橋 良(chorus)
カバーデザイン	米谷テツヤ(PASS)
本文デザイン	石川健太郎(マイナビ出版)
印刷・製本	中央精版印刷株式会社

©Hisae Ohkubo 2023／©Mynavi Publishing Corporation 2023
ISBN978-4-8399-8402-1
Printed in Japan

プレゼントが当たる! マイナビ BOOKS アンケート

本書のご意見・ご感想をお聞かせください。
アンケートにお答えいただいた方の中から抽選でプレゼントを差し上げます。
https://book.mynavi.jp/quest/all